L'ÉTANG

DE

PRÉCIGNY

PAR

ÉLIE BERTHET.

PARIS
PASSARD, LIBRAIRE-ÉDITEUR,
9, RUE DES GRANDS-AUGUSTINS.
—
1849

L'ÉTANG

DE PRÉCIGNY.

A LA MÊME LIBRAIRIE.

LA FAMILLE RÉCOUR

ROMAN INÉDIT,

PAR MADAME DE BAWR.

2 vol. in-8. . . . 12 fr.

Le Château de la Pommeraie, par A. de Lacroix.	8 vol. in-8.	10 »
Louis XIV et son siècle, par Alexandre Dumas.	9 vol. in-8.	45 »
Théâtre d'Alexandre Dumas, tomes 6, 7, 8, 9, 10. . . .	5 vol. in-8.	37 50
Auguste et Frédéric, par Madame de Bawr.	1 vol. in-8.	8 »
Un Mariage de Finance, par la même.	2 vol. in-8.	16 »
Les Incendiaires, par Michel Masson.	4 vol. in-8.	30 »
Le Prince Francisque, par Fabre d'Olivet (*Inédit*)	7 vol. in-8.	52 50
Laure de Salmon, par le même (*Inédit*).	2 vol. in-8.	15 »
Marguerite, par Anna Marie.	1 vol. in-8.	7 50
La Famille Cazotte, par le même.	1 vol. in-8.	7 50
La Ferme de l'oseraie, par Élie Berthet.	2 vol. in-8.	15 »
La fille du cabanier, par le même.	2 vol. in-8.	15 »
Maison de Paris, par le même.	3 vol. in-8.	22 50
Paul Duvert, par le même.	2 vol. in-8.	15 »
Pierre Paul Rubens, par Henri Berthoud.	2 vol. in-8.	15 »
Émile ou l'honnête homme, par le même.	1 vol. in-8.	7 50
Grammaire alphabétique, par le même.	1 vol. in-12.	1 50
Le Porte-Chaîne, par Cooper, traduit par Defauconpret. .	2 vol. in-8.	15 »
Ravensnest, par le même.	2 vol. in-8.	15 »
Les Slaves de Turquie, par Cyprien Robert.	2 vol. in-8.	15 »
Alexandrine, par Madame Eugénie Foa.	2 vol. in-8.	15 »
Les trois sœurs, par Arsène Houssaye.	2 vol. in-8.	15 »
Falstel, par Maria d'Anspach.	1 vol. in-8.	7 50
Souvenir de Léonard, publiés par Touchard Lafosse. . .	4 vol. in-8.	30 »
L'Athée, par Madame Sophie Pannier.	2 vol. in-8.	15 »
Histoire des salons de Paris, par la duchesse d'Abrantès.	6 vol. in-8.	48 »
Mémoires secrets de 1770 à 1830, par le comte Armand d'Allonville.	6 vol. in-8.	36 »
Grammaire italienne de Vergani, revue par Moretti. . .	1 vol. in-12.	1 50
Histoire élémentaire des minéraux usuels, par Jean Reynaud.	1 vol. in-12.	2 50

Corbeil, imprimerie de CRÉTÉ.

L'ÉTANG

DE

PRÉCIGNY

PAR

ÉLIE BERTHET.

2

PARIS
PASSARD, LIBRAIRE-ÉDITEUR,
9, RUE DES GRANDS-AUGUSTINS.

1849

XV

M. Laurent ne remarqua pas cette expression sombre et concentrée; il attira à lui l'homme de loi qui avait écouté avec attention la conversation précédente.

— Et vous, mon cher Rigobert, reprit-il

à demi-voix, j'aurai aussi besoin de vos services, car ma position est hérissée de difficultés et de périls.

— En quoi puis-je vous aider dans une pareille affaire? demanda Rigobert d'un ton circonspect; tout à l'heure vous m'avez adressé des reproches, et je n'ai pas compris comment...

— Comment la découverte du petit vieillard en bonnet de soie noire, dont je vous ai parlé, touchait par un point à cette grande contestation survenue entre moi et les gens de Précigny?... Eh bien, si vous ne comprenez pas ce rapport, monsieur Rigobert, je n'essaierai pas de vous l'expliquer, surtout en ce moment... Sachez seulement qu'il faut découvrir à tout prix ce vieil intrigant, ce voleur de pièces... Jusqu'ici vous me semblez avoir agi bien mollement pour arriver à ce résultat !

— Voyons ! soyez raisonnable, Laurent... Comment pourrais-je, moi, étranger à cette commune, mettre la main sur un homme inconnu, qui probablement a pris de minutieuses précautions pour cacher son nom et sa qualité ?

— A quoi vous servirait d'être le procureur le plus habile et le plus retors du département, si vous ne saviez pas dépister un coquin de cette sorte ?... Rigobert, j'ai compté sur vous ; vous avez été clerc autrefois, dans l'étude où ces papiers si précieux étaient déposés ; vous devez avoir des données sur la personne qui a pu s'en emparer ; vous connaissez jusqu'au plus humble chicaneur de la contrée ; nécessairement vos soupçons se sont déjà portés sur quelqu'un.

— Sur personne, oh! sur personne, je vous le jure, répliqua Rigobert avec empressement.

Malgré cette assurance positive, M. Laurent surprit dans les yeux vifs et malins de l'homme de loi quelque chose qui lui donna le soupçon du contraire.

— Rigobert, reprit-il en baissant encore la voix, vous n'êtes pas franc avec moi... Tenez, Rigobert, nous sommes habitués à nous deviner l'un l'autre, et encore cette fois j'ai pénétré votre pensée, je le parierais... L'ordre que je vous ai donné d'agir avec la dernière rigueur envers cet individu, si vous réussissiez à le découvrir, est la cause de votre répugnance à vous mêler de cette affaire? Vous ne voudriez pas en venir à des extrémités fâcheuses à l'encontre d'un gaillard madré, d'un de vos confrères, peut-être...

— Hem! hem! répliqua Rigobert en ricanant, vous pourriez avoir raison. On ne se soucie pas de faire la police et d'employer des moyens extrajudiciaires...

— Eh bien, si je vous laissais plein pouvoir pour traiter cette affaire à l'amiable?

— Quoi! vous donneriez les... vingt mille francs que ce fripon demandait à M. de Précigny?

— Est-ce vingt mille? J'avais cru entendre dix... Eh bien! oui, Rigobert, cherchez, furetez, trouvez cet homme mystérieux, offrez-lui dix, vingt mille francs, s'il le faut. Je consens à tout, sans parler d'une commission convenable pour vos peines et soins... Quant à moi, afin de ne pas entraver vos négociations, je ne veux pas paraître dans cette affaire. Vous agirez en toute liberté, je ne demanderai même pas à connaître notre voleur, s'il tient à rester inconnu. Vous seul aurez à traiter avec lui.

— Bien, voilà qui est parler, dit le légiste dissimulant mal une vive satisfaction : maintenant peut-être finirons-nous par savoir quelque chose... Mais j'y songe, continua-t-il d'un air fin, à quel titre réclamerons-nous ces papiers ? Ils appartiennent, je crois, au jeune comte.

— Mes droits sur eux sont au moins égaux à ceux de M. de Précigny. Si on a voulu les lui vendre de préférence à moi, c'est qu'on a eu peur de mon titre de maire et de mon expérience en affaires.... J'étais moins facile à plumer que ce jeune coq de là-bas, et on s'est d'abord adressé à lui. D'ailleurs, soyez-en sûr, ce vieillard délicat ne vous fatiguera pas de scrupules par trop raffinés... Peu lui importera de quelle main viendra l'argent, si l'argent entre dans sa poche.

— Vous devez avoir raison, mon cher Laurent. Eh bien ! nous verrons... nous essayerons... Certainement, avec ces vingt mille francs et la commission, nous finirons par trouver le fond de cette affaire.

— Il connaît le voleur !... Je m'en doutais ! pensa le manufacturier.

Et ils continuèrent à causer à voix basse.

Pendant ce temps, une conversation particulière s'était engagée entre Smithson et le docteur Merville, à l'autre extrémité du bateau.

— Monsieur le docteur, disait l'Anglais, avec un accent de flagornerie qui ne lui était pas habituel, vous êtes un savant gentleman, et l'on peut avoir toute confiance en vous, je le sais.

— Vous êtes trop bon, monsieur, répliqua Merville dont la figure s'épanouit.

— Oui, oui, vous êtes *beaucoup fort* savant, continua Smithson, et vous ne pouvez vous tromper sur tout ce qui touche votre profession.

— *Errare humanum est*, monsieur. Cependant...

— Certainement, vous êtes aussi savant

qu'un docteur d'Oxford et de Cambridge, répliqua l'Anglais, voulant flatter au plus haut point le sot amour-propre de Merville, aussi savant que Jenner, que Franklin, que...

— Monsieur, c'est peut-être beaucoup dire.

— Non, non, pas beaucoup... Je vous prie donc de répondre franchement, la main sur l'*estomac*, à une question.

— Je vous écoute, monsieur Smithson.

— Eh bien ! monsieur, vous donnez vos soins à miss Thérèse, la fille du patron ; vous la voyez souvent, que pensez-vous de son état?

Le front du docteur se plissa ; il hocha la tête en murmurant fort bas :

— Ça va mal, Monsieur, très-mal... la science est impuissante, le cas est mortel !

— Mortel ! répliqua Smithson avec son phlegme britannique, je savais cela depuis longtemps... mais combien de temps supposez-vous que miss Thérèse puisse vivre encore !

Cette question posée d'une façon si brutale, produisit sur Merville une impression désagréable; cependant il répondit avec hésitation :

— Il serait difficile de fixer bien rigoureusement une limite, cependant je doute que son père puisse conserver cette malheureuse enfant plus de deux ou trois mois...

L'Anglais fit un geste d'effroi.

— Et vous croyez, demanda-t-il d'une

voix étouffée, qu'elle ne pourrait vivre jusqu'au mois d'octobre.... jusqu'au 8 octobre seulement ?

— Cela ne me paraît guère probable... elle est atteinte d'une pulmonie grave ; une fièvre lente use incessamment ses forces...

Smithson était frappé de stupeur ; son visage avait pris une teinte livide.

— Il faut développer toutes les ressources de votre art, monsieur Merville, dit-il avec agitation ; il faut vous surpasser... je vous récompenserai plus tard, quand je serai maître de la fabrique... Voyez-vous, miss Thérèse ne doit pas mourir avant le 8 octobre... Après cette époque, si le Seigneur le veut, la nature pourra avoir son cours ! mais jusque-là, il faut qu'elle vive... goddam ! Je serais un grand malheureux si elle venait à mourir tout à coup !

Le docteur le regardait d'un air surpris.

— Vous ne savez pas, dit Smithson répondant à sa pensée ; miss Thérèse m'a promis de m'épouser... le délai fixé par elle expire le 8 octobre... ce jour arrivé, elle ne pourra refuser de tenir sa parole, car son père la lui rappellerait au besoin. Si elle mourait avant cette époque, je serais déshonoré ; ici et partout l'on ne me pardonnerait pas d'avoir reçu certaine injure sans en avoir tiré vengeance ; je dois être gendre de M. Laurent, maître de cette belle fabrique, pour me faire pardonner, même par mes amis, certaines choses passées !

— Je comprends, monsieur Smithson ; cependant, je ne vous cacherai rien... tous mes efforts seraient inutiles pour prolonger les jours de mademoiselle Laurent au de là d'un terme très-rapproché.

L'Anglais fit entendre un sourd gémissement.

— S'il en est ainsi, reprit-il, je n'ai plus rien à ménager, je vais apprendre à M. Laurent le danger que court sa fille et le supplier de se servir de son autorité pour avancer le jour de notre mariage.

— Ce serait un mauvais moyen, mon cher monsieur Smithson, et je vous conseillerais, en ami, d'en chercher un autre... D'abord, croyez-vous que M. Laurent songerait à marier sa fille quand il la verrait dans cet état désespéré? D'un autre côté, si vous alliez, par cette pénible révélation, détruire brusquement la sécurité de M. Laurent, mademoiselle Thérèse ne vous le pardonnerait jamais... Vous savez combien elle aime son père, combien elle craint de lui causer le moindre chagrin? elle m'a fait à moi-même des recommandations si pressantes, si impérieuses...

— Mais quel parti prendre alors? dit Smithson avec rage. On s'est joué de moi... mais je me vengerai! goddam! Je ne peux pas garder ce soufflet pour rien... je le sens encore sur ma joue et sur mon cœur! Moi, moi, moi Smithson! un Anglais, un gentleman!

Et son visage était crispé, il grinçait des dents, ses poings étaient convulsivement serrés.

En ce moment une fusée partit en sifflant

de l'enceinte de la fabrique; elle s'élança dans les airs, traçant un long sillon de feu; puis un éclair brilla sur le ciel déjà sombre, et une détonnation bruyante ébranla la campagne.

— Voilà qu'on nous rappelle! s'écria gaiement M. Laurent en terminant son entretien confidentiel avec Rigobert; l'heure du banquet est venue, et les invités doivent commencer à s'étonner de notre longue absence... Allons! notre brave rameur, appuyez vivement sur les avirons...

L'Anglais saisit machinalement les rames et se mit à nager dans la direction de la manufacture.

— Cette petite promenade m'a fait du bien, reprit M. Laurent en aspirant avec délices le vent frais qui se jouait à la surface de l'étang ; je rentre à la fabrique beaucoup plus content que je n'en suis sorti... L'obstination de ces gens de Précigny à bouder m'avait donné des idées sombres ; maintenant, je ne crains plus rien et je pourrai vraiment prendre part aux plaisirs de la fête... Avec de bons amis comme vous, messieurs, on peut braver bien des choses... Aussi, l'arrivée même de ce M. de Précigny ne m'inquiéterait pas, si la température continuait à m'être favorable ! Mais à ce propos, ne disiez-vous pas, docteur, que cette chaleur suffocante pourrait réveiller...

— Ne vous tourmentez pas à l'avance, répondit Merville en riant, ne pensez qu'au dîner dont je crois flairer d'ici le délicieux fumet... où en serait-on, bon Dieu ! si l'on devait ainsi s'effrayer de tout? Pourquoi alors ne tremblerions-nous pas aussi d'avoir pris dans cette jolie promenade sur l'eau, le germe mortel de quelque maladie?

— Hem! dit Rigobert en faisant une grimace, au diable les plaisanteries des médecins!... mais parlons raison, docteur, aucun cas de cette maudite fièvre ne s'est-il vraiment manifesté à la fabrique, tandis que l'on mourait comme des mouches là bas au village? Tel a été, si je ne me trompe, votre principal argument dans votre dernier Mémoire, pour prouver que l'étang n'était pas l'unique cause de l'épidémie?

— En effet, reprit Merville d'un air triomphant, et vous avez dû lire ma théorie sur ce phénomène... l'action combinée des vents et de la chaleur, la transmission des molécules morbides, la formation des miasmes délétères... la démonstration était complète, j'ose le croire. J'ai prouvé, clair, comme le jour, que la maladie avait seulement de la gravité pour les individus faibles, rachitiques, mal vêtus, mal logés, mal nourris et qu'une constitution particulière prédisposait à subir son influence.

— Eh bien! voyez comme on est méchant, répliqua Rigobert d'un ton sarcastique; certaines gens prétendent que les ouvriers de la fabrique mourraient de la fièvre tout comme les paysans de là bas, si, chaque fois que l'un d'eux ressent les premières atteintes du mal, on ne les transportait aussitôt à la ville, où le changement d'air finit le plus souvent par le guérir!

— C'est une calomnie! s'écria M. Laurent avec indignation ; comme l'emplacement nous manque à la fabrique pour garder ces malades, nous les envoyons le plus souvent à la ville, et c'est ce qui a fait dire... mais que ne dit-on pas? Ma fille, elle-même, a servi de prétexte aux plus perfides insinuations contre moi. On prétend qu'elle est atteinte de la fièvre épidémique et qu'elle en mourra ; cependant cette chère enfant va mieux que jamais ; elle ne fait entendre aucune plainte, elle est gaie ; le docteur lui-même ne trouve plus rien à lui ordonner... Aussi un ami aurait dû ne pas prêter l'oreille à ces indignités, surtout ne pas les répéter !

Rigobert s'excusa avec embarras. Au même instant la barque déposa les promeneurs sur la chaussée, en face de la manufacture. Une foule empressée les entoura aussitôt avec des cris joyeux et les accompagna en triomphe dans la grande cour où avait lieu la fête.

Bientôt ils aperçurent Thérèse au milieu d'un cortége de dames en brillantes toilettes, et d'hommes vêtus de noir, qui semblaient être de riches voisins ou des fonctionnaires publics. Mademoiselle Laurent remplissait les devoirs de maîtresse de maison avec un tact parfait. La conviction de sa fin prochaine lui donnait une aisance gracieuse, une sorte d'assurance qui appartiennent seulement d'ordinaire à la femme d'un âge plus avancé; elle sentait que sa position exceptionnelle devait l'affranchir de cette timide réserve obligatoire pour la jeune fille appelée à un avenir de bonheur et de plaisir. Peu de changements avaient eu lieu dans sa personne et dans ses traits depuis le jour où Alfred était venu pour la première fois à la fabrique; elle était toujours vêtue d'une robe blanche à ceinture flottante; une petite fleur naturelle ornait ses cheveux cendrés. Cependant une teinte rosée, plus vermeille aux pommettes des joues, était répandue sur son visage pur et délicat : on eût dit du pourpris qui colore le fruit déjà mûr du côté où frappent les rayons du soleil.

Ce doux incarnat rendit l'espoir à Smithson. Pendant que M. Laurent s'avançait précipitamment pour adresser ses compliments aux étrangers nouvellement arrivés, le contre-maître dit à Merville, en lui désignant Thérèse :

—Regardez, monsieur, certainement vous vous trompiez tout-à-l'heure... Jamais miss Laurent n'a été ausssi fraîche et aussi bien portante ! Il est impossible que cette charmante enfant ne vive pas au moins jusqu'au 8 octobre... Si vous me disiez le contraire, vous me feriez douter de votre science.

Le docteur examina la jeune fille qui gourmandait son père de son excursion sur l'eau, et il secoua la tête.

— Ma conviction n'a pas changé, répliqua-t-il à voix basse; il faut absolument que je parle à mademoiselle Laurent... Monsieur Smithson, en médecine surtout, on ne doit jamais croire aux apparences; le mal a fait encore plus de progrès que je ne l'avais pensé!

Et laissant Smithson consterné de cette nouvelle, il s'avança rapidement vers la jeune fille.

XVI

En ce moment, le bruit d'une cloche et une explosion de pétards annoncèrent que le dîner était servi. La foule s'ébranla aussitôt pour gagner les divers escaliers conduisant à la salle du banquet. M. Laurent lui-même présenta la main à la femme d'un des premiers fonctionnaires du département, et ouvrit la marche. Plusieurs personnes s'avançaient déjà pour offrir leur appui à Thérèse; le docteur, plus prompt, s'empara d'elle et l'entraîna vers le grand escalier.

— J'appartiens à mon médecin, messieurs, dit la jeune fille avec une gaîté mélancolique, en remerciant du geste les plus empressés; vous ne devez pas être surpris qu'il en agisse un peu tyranniquement avec moi.

Pendant qu'elle marchait, Merville avait retenu sa main avec toutes les apparences d'une galanterie surannée, mais en réalité il avait appuyé son doigt sur le pouls de la malade et il en comptait avec soin les pulsations.

— De la fièvre... encore de la fièvre ! murmura-t-il d'un ton chagrin.

— Eh bien ! docteur, qu'y a-t-il d'étonnant ? dit Thérèse avec enjouement. La fièvre, eh ! mon Dieu, je l'ai toujours... mais elle et moi nous faisons bon ménage !

— C'est très-bien, mon enfant; cependant, avec votre permission, je ne peux tarder davantage à prévenir M. Laurent...

— Ah ! vilain docteur ! méchant trouble-fête ! répliqua la jeune fille d'un air boudeur ; aurez-vous donc le courage de tourmenter si tôt mon pauvre père ? Pendant toute la journée, il m'avait paru soucieux; mais voyez comme il a l'air radieux ce soir ! depuis bien longtemps je ne l'ai vu si satisfait des autres et de lui-même. Docteur, docteur, vous savez nos conventions?.. si vous vous obstinez à me contrarier, nous nous brouillerons infailliblement.

— Mais, mademoiselle, reprit Merville en affectant un ton austère, je ne puis sacrifier toujours ainsi mon devoir aux caprices d'une enfant gâtée... Je commence à me repentir d'avoir gardé si longtemps le silence !

— Qu'eussiez-vous fait, mon bon docteur? dis Thérèse avec mélancolie et en baissant encore la voix; à quoi eût servi d'inquiéter mon père, de lui donner des remords en lui laissant supposer que l'insalubrité de l'air de ce pays était la cause de mon mal?... Quand vous avez été appelé, il n'y avait déjà plus de remède possible; je le sentais et je vous l'avouai dès le premier moment... Voyons, soyez complaisant jusqu'à la fin...

Attendez au moins quelques jours encore ; mon père ne saura-t-il pas assez tôt cette triste nouvelle ? Je me charge de la lui annoncer moi-même, afin d'être la première à lui adresser des consolations !

— Non, non, mademoiselle, ma condescendance devient chaque jour plus coupable... mais vous êtes si volontaire, si impérieuse ! D'ailleurs, ma réputation pourrait être compromise, si je n'annonçais à l'avance...

— Que ma maladie est mortelle et que je ne puis en réchapper ? Rassurez-vous, docteur, je ne vous jouerai pas le mauvais tour de mourir sans avoir annoncé hautement que j'étais en règle avec la Faculé... Je vous le promets.

C'était avec des arguments pareils et avec

quelques menaces adroites de faire perdre à Merville la clientelle de la fabrique, s'il ne se prêtait pas à son caprice, que Thérèse était parvenue à cacher toujours sa véritable position à M. Laurent. L'indigne docteur, convaincu, du reste, de son impuissance pour sauver Thérèse, avait subi toutes les exigences de cet enfant dont il connaissait le pouvoir sur l'esprit du manufacturier. Cependant, il avait des remords ; il venait de constater les récents et rapides progrès de la maladie, et il n'osait pas cacher plus longtemps la vérité. Il calculait donc, en montant l'escalier, si son intérêt exigeait qu'il conservât les bonnes grâces de la fille, en entretenant la sécurité du père ; mais un spectacle animé et féerique vint occuper son attention.

Le banquet avait été préparé, comme nous l'avons dit, dans le plus vaste atelier de la manufacture ; c'était une galerie qui s'étendait à perte de vue dans toute la longueur du bâtiment. Les murailles, percées régulièrement de nombreuses fenêtres, étaient ornées de festons et de couronnes de fleurs. Ces puissantes machines qui, les jours de travail, se mouvaient à grand bruit et accomplissaient des merveilles d'industrie, immobiles et muettes maintenant, avaient disparu sous des draperies ; elles formaient des espèces de trophées enjolivés de guirlandes de verdure ; çà et là seulement une roue de cuivre poli, une pointe d'acier s'échappait de l'enveloppe passagère, comme pour rappeler la réalité cachée sous cette brillante apparence. Deux rangées de tables pliaient sous le poids des viandes froides, des mets substantiels, de bouteilles de vin, destinés aux appétits robustes des ouvriers et de leurs familles. Une troisième table, dressée sur une estrade à l'extrémité de la galerie, était réservée à M. Laurent et aux personnes de distinction. Les dorures et les cristaux étincellaient à cette place privilégiée; les mets les plus exquis fumaient sur leurs réchauds d'argent. Une vingtaine de lustres, expédiés à grands frais du chef-lieu du département, inondaient de lumières ces magnifiques apprêts, et formaient avec leurs mille becs enflammés un coup d'œil éblouissant. Bon nombre d'hommes, de femmes et d'enfants étaient déjà dans la salle, et, par la diversité, par l'éclat de leurs costumes, donnaient un attrait pittoresque au tableau.

Dès que M. Laurent entra, suivi de sa fille et de tous les invités notables, un orchestre, disposé dans un angle de la galerie, joua à grand renfort de violons et de basses, l'air si célèbre : *Où peut-on être mieux*, etc.; au même instant, la foule qui arrivait par les autres portes, se mit à pousser des acclamations joyeuses, de chaleureux vivats. Le plaisir et l'enthousiasme se reflétaient sur tous les visages, c'était un vrai triomphe pour le manufacturier, l'âme et le héros de cette splendide fête.

On comprend que M. Laurent, artisan de sa fortune, et parti de si bas pour arriver si haut, ne devait pas être insensible à ces démonstrations flatteuses. Aussi, oubliant pour un moment ses ennuis secrets, ses remords peut-être, se livrait-il en liberté aux doux sentiments que cette scène éveillait en lui. Ses yeux étaient humides de larmes, ses traits épanouis; en traversant la galerie pour atteindre la table réservée, il souriait à ceux qu'il rencontrait sur son chemin, il remerciait de la voix et du geste les crieurs enthousiastes. Thérèse elle-même sembla d'abord trouver une grande satisfaction dans ces marques de sympathie dont son père était l'objet. Mais sans doute une réflexion amère vint se mêler à sa joie, car bientôt elle baissa la tête et poussa un profond soupir.

Les instructions de M. Laurent, ordonnanateur de la fête, avaient été si précises, qu'il n'y eût aucun embarras, aucun désordre pour le placement de tant de personnes. Chaque classe d'ouvriers, avec sa famille et ses amis, vint s'asseoir à une table désignée, sous la surveillance d'un contre-maître chargé de s'assurer que les règles de la convenance, et surtout de la sobriété, seraient rigoureusement observées. A la table d'honneur, peu de minutes suffirent à M. Laurent et à sa fille pour placer tout le monde de la manière la plus agréable à chaque convive. Bientôt la salle entière présenta un aspect brillant et animé dont rien ne troublait l'imposante symétrie.

L'orchestre continuait à jouer des airs vifs et gais dont plusieurs avaient la prétention d'être de circonstance. Mais quoique passablement bruyante, cette musique ne couvrait pas les causeries des braves ouvriers. Des lazzis, des quolibets, des plaisanteries, sinon fines, du moins toujours décentes, se croisaient en tous sens, mêlés aux éloges du patron, du souper et de la fête. L'entrain, la cordialité et le bon appétit régnaient dans les rangs populaires.

Les convives de distinction se montrèrent d'abord plus froids et plus réservés ; mais enfin l'exemple des ouvriers, les excitations de M. Laurent, combinés avec les effets ordinaires du bon vin et de la bonne chère, rompirent cette glace; la conversation, d'abord établie entre proches voisins seulement, devint générale. On s'anima ; la morgue dont s'entouraient encore certains fonctionnaires, certains parvenus opulents, tomba peu à peu ; enfin, avant l'arrivée du dessert, la plus franche gaieté régnait à la table d'honneur comme aux autres tables.

Merville et Rigobert, placés l'un près de

l'autre, rivalisaient de verve, de bonne humeur.

L'homme de loi, satisfait d'un certain marché conclu avec M. Laurent, pendant leur promenade sur l'étang, se livrait sans contrainte à son humeur caustique et moqueuse. Quant au docteur, las de se creuser la cervelle pour faire cesser les embarras de sa position, il avait pris le parti de jouir du bien-être présent, sans s'inquiéter de l'avenir; comme le magistrat de l'antiquité, il avait remis au lendemain des affaires sérieuses; il ne songeait plus qu'à fêter la bonne chère, à applaudir les calembours de son satirique voisin. La vue de Thérèse, douce et pâle victime placée en face de lui, souriant sous ces fleurs au milieu de cette joie bruyante, ne lui fit pas perdre un coup de dent, ne l'empêcha pas de savourer un bon morceau, de goûter de tous les vins.

Le dessert arriva; les convives, riches et pauvres, commençaient à s'échauffer; alors Smithson se leva et porta d'une voix retentissante la santé de M. Laurent.

Ce toast fut suivi d'un vacarme tel qu'on eût cru que la fabrique entière allait crouler. Prévenus sans doute à l'avance, les conviés se levèrent spontanément en choquant leurs verres; à ce signal, une décharge de mousqueterie et de pétards partit dans la cour et ébranla les fenêtres de la salle. Les ouvriers anglais, dirigés par notre ancienne connaissance Tom, le teinturier, poussaient des hourras capables de renverser les murailles; les ouvriers du pays, hommes, femmes et enfants, agitaient les bras, trépignaient de plaisir, en criant tumultueusement :

— Oui, oui, à la santé de M. Laurent! de notre maître ! de notre ami !.. Vive M. Laurent !

Le manufacturier, debout sur l'estrade d'où il dominait cette immense assemblée, contemplait avec une émotion profonde ces chaleureux transports. Il était pâle de bonheur et d'orgueil; un frisson électrique parcourait ses membres.

Sur un signe de sa main, le silence se rétablit.

— Mes amis, dit-il d'une voix altérée, mais qui s'entendit distinctement jusqu'à l'extrémité de la galerie, mes bons amis, mes enfants, vous me rendez trop heureux et trop fier. Ce n'est pas à moi qu'il faut boire, c'est à votre bonheur, au bonheur de vos familles... Il occupe constamment ma pensée !

Les applaudissements, les hourras recommencèrent avec plus de force; l'enthousiasme prenait tous les caractères de la frénésie.

Merville, électrisé par ces démonstrations ou impatient de faire parade de son éloquence, voulut renchérir encore sur les plus exaltés. Élevant sa main armée d'un verre de Chambertin, il s'écria d'un ton emphatique et déclamatoire.

— Messieurs et vous braves ouvriers de la

fabrique de Précigny, nous avons un grand devoir à remplir ! Ce n'est pas en vain que la Providence a réuni ici l'élite de la province (le docteur s'inclinait circulairement vers les personnages de la table d'honneur) et les membres de cette grande famille dont M. Laurent est le père industriel; elle a voulu que nous nous unissions tous dans une pensée commune pour réparer une criante injustice... Le bienfaiteur de ce pays a été en proie à d'indignes calomnies; je bois donc à sa prospérité, à la confusion de ses ennemis !

— A la confusion de ses ennemis ! répéta la foule tout d'une voix.

Les acclamations et les trépignements recommencèrent; les convives plus calmes de la table d'honneur, y prenaient part eux-mêmes entraînés par l'exemple. Merville, ravi du succès de son toast, s'était rassis au milieu du bruit; il ne s'aperçut pas que Thérèse fixait sur lui un regard morne et mélancolique comme pour lui reprocher d'avoir mêlé des malédictions aux plaisirs de cette fête.

Pendant que le docteur savourait délicieusement les douceurs de son triomphe et d'un verre de Chambertin, un jeune homme qui semblait être un domestique de la fabrique, se glissa jusqu'à lui par une porte de dégagement et lui dit quelques mots à l'oreille.

— Laissez-moi, je ne puis me déranger! répliqua Merville avec humeur.

— Mais, monsieur le docteur...

— M'importunerez-vous long-temps ainsi, drôle? je vous dis que je ne peux quitter la table de sitôt... allez au diable !

Déconcerté par cette rebuffade, le jeune homme resta un moment immobile derrière la chaise de Merville ; puis, voyant qu'il n'obtenait de lui aucun signe d'attention, il s'éloigna lentement.

Cette petite circonstance, comme on peut le croire, n'avait été remarquée de personne ; on était encore sous l'impression produite par le toast du docteur, et le tumulte n'était pas encore apaisé. M. Laurent, toujours debout, semblait attendre que le calme se fût rétabli ; il était trop habile pour accepter sans protestation une démonstration qui ressemblait à un acte de rancune et de vengeance ; enfin il put se faire entendre :

— Je remercie mon honorable ami, le bon docteur Merville, reprit-il d'une voix grave et avec un accent modeste, mais je ne saurais désirer la confusion de personne... les calomnies dont on a parlé ne peuvent m'atteindre... ma réponse est dans la prospérité, le bien-être qui règnent en ce moment dans la commune entière! C'est la continuation de cette prospérité du pays que nous devons désirer, c'est vers elle que doivent tendre nos vœux...

— La prospérité du pays! s'écria une voix tonnante tout près de lui ; mensonge! mensonge !

M. Laurent resta le bras tendu, la bouche

béante. Un homme vêtu de noir, le visage, pâle, les cheveux en désordre, venait d'entrer par la petite porte; c'était Alfred de Précigny.

XVII

Un sourd frémissement courut d'un bout à l'autre de la salle : Thérèse poussa un cri et se laissa aller sur son siége à demi évanouie; puis il se fit un grand silence; tous les regards se fixèrent avidement sur Alfred.

Rien qu'à voir le jeune comte, on ne pouvait s'empêcher de trembler; sa contenance annonçait un malheur. Ses traits, amaigris depuis quelques mois, étaient profondément bouleversés; ses yeux caves brillaient dans leurs orbites comme des charbons ardents. Il semblait en proie à une exaltation suprême qui tenait de l'égarement.

Il promena à son tour un regard farouche et menaçant sur l'assemblée.

— On vante ici la prospérité du pays! reprit-il d'une voix vibrante; on boit, on chante, on porte des toasts, on se réjouit... Vous tous, tant que vous êtes, qui assistez à cette fête impie, ne vous arrêtez pas ici un instant de plus; la fatalité qui pèse sur cette odieuse maison pourrait vous atteindre; le bras de Dieu, étendu sur elle, pourrait vous frapper... Si vous êtes chrétiens, ne tentez pas la Providence! jetez vos verres, éteignez ces lustres, interrompez ces chants et ces rires... C'est ici la maison du mauvais riche: la mort est à la porte!

Une terreur superstitieuse s'était emparée de la plupart des assistants. Les hommes restaient immobiles; quelques femmes faisaient furtivement le signe de la croix. Néanmoins nul n'osait élever la voix: dans toute la longueur de cette immense galerie, on eût entendu le souffle d'un enfant.

Laurent, revenu de son premier saisissement, crut devoir, en qualité de maître de maison, interpeller l'audacieux jeune homme.

— Que signifie cette nouvelle algarade, monsieur de Précigny? dit-il avec force; de quel droit venez-vous ici jouer le rôle de trouble-fête? Ou tendent ces injures, ces menaces obscures?

Alfred resta un moment sans répondre.

— Vous allez me comprendre, reprit-il d'un ton solennel; oui... et tous ces gais convives me comprendront aussi... Mais où est l'indigne médecin qui ne sait pas quitter une table bien servie pour accourir à l'appel du pauvre et du malade? où est le docteur Merville?

— C'est... c'est moi! balbutia le docteur.

— A votre devoir, Monsieur! pendant que vous vous réjouissez ici, la fièvre vient d'éclater de nouveau, comme la foudre, au village de Précigny...

— La fièvre! encore la fièvre? s'écrièrent plusieurs personnes avec un accent lamentable.

— Oui, la fièvre... non, plus cette maladie lente, qui souvent hésitait plusieurs mois avant de frapper le coup mortel, mais un mal rapide, instantané, semblable à la peste, un fléau terrible, inexorable, qui en quelques heures moissonne ses victimes... Hier on eût à peine trouvé un malade en danger de mort à Précigny : au moment où je parle, deux personnes viennent d'expirer sous mes yeux... Il n'est presque pas de maison dans ce misérable village qui n'ait été frappée, pas de famille qui ne soit plongée dans le deuil ! Ici les festins, les jeux, les plaisirs, la musique, là-bas les lamentations, le désespoir, le râle des mourants... Mais prenez garde, vous tous qui vous réjouissez, qui riez et qui vous applaudissez de vivre, cette fois la mort pourrait bien franchir le court espace qui sépare le village de la manufacture... vous êtes avertis, malheur à ceux qui oseront attendre !

Rien ne saurait peindre l'effet de ces sinistres paroles. On se leva en tumulte, les uns fuyaient déjà ; d'autres semblaient consternés ; des mères pressaient leurs enfants contre leur sein. M. Laurent, altéré par ce coup inattendu, chercha cependant à cacher ses impressions :

— Monsieur le comte, s'écria-t-il indigné, un sentiment de basse vengeance, de haine jalouse, a pu seul vous pousser à jeter ainsi cette terrible nouvelle au milieu d'une fête de famille.

— Je ne voulais pas monter ici, répliqua Précigny avec véhémence; oui, je le jure, je ne voulais pas être témoin de votre fol orgueil, de votre prospérité insolente... J'étais venu chercher le docteur Merville, personne là-bas n'ayant pu ou, osé se charger de ce soin, et je ne songeais pas à franchir le seuil de votre porte... Mais le docteur a congédié brutalement mon messager, il m'a bien fallu venir moi-même lui rappeler son devoir. Alors vos toasts menteurs ont frappé mes oreilles; l'indignation a débordé mes lèvres... j'ai parlé... c'est Dieu peut-être qui m'a conduit, malgré moi, au milieu de vous pour troubler vos divertissements sacriléges !

Le désordre était toujours à son comble; des groupes s'étaient formés dans les diverses parties de la salle.

— Le docteur va vous suivre, reprit Laurent avec agitation; partez, partez, Merville... Peut-être trouverez-vous moyen d'arrêter, dès le principe, ce fléau qui s'annonce avec de si redoutables symptômes; n'épargnez ni soins ni remèdes pour soulager les pauvres malades! Je me charge de tous les frais.

Alfred contempla le manufacturier d'un air de sombre méditation.

— Vous êtes mon ennemi, reprit-il; cependant je ne crois pas, je ne veux pas croire que ce mouvement de pitié soit de l'hypocrisie... Eh bien donc, monsieur, si les malheurs de ces infortunés vous touchent réellement, ne soyez pas généreux à demi; accomplissez un grand acte de courage qui détruira le mal dans sa racine. Monsieur, pensez-y, le châtiment céleste peut encore s'apaiser; peut-être encore dépend-il de vous de désarmer la vengeance d'en haut ; ne fermez point vos yeux, n'endurcissez point votre cœur... Aujourd'hui, les pauvres de Précigny sont frappés; demain, peut-être, ce seront ces gens qui se pressent autour de vous, ce seront vos amis, vos proches, ce sera vous-même !

Le silence se rétablit tout à coup ; on attendait la réponse de Laurent. Celui-ci répliqua lentement :

— Oui, oui... je sais ce que vous exigez de moi, monsieur le comte; mais aujourd'hui comme autrefois, comme toujours, je vous dirai ceci : je préférerais ce magnifique établissement à ma propre existence !

— Que votre obstination retombe donc sur votre tête ! jusqu'ici vous avez été vainqueur dans la lutte que j'ai osé, moi chétif !

engager avec vous... Le succès a augmenté votre confiance en vous-même, vous vous énivrez de ces acclamations poussées par des gens à vos gages; vous triomphez, le verre à la main, de ces pauvres paysans qui meurent obscurément à quelques pas d'ici... Mais patience, monsieur Laurent, je suis encore debout, moi! je suis vaincu et non pas abattu. Nous nous reverrons... nous nous reverrons, soyez-en sûr!

Smithson se leva de table avec impétuosité en brandissant un couteau :

— De par tous les diables! s'écria-t-il, c'est trop d'insolence! M. Laurent, je n'y tiens plus! je ne souffrirai pas qu'on vienne vous insulter ainsi dans votre propre maison.

Thérèse poussa un cri perçant et étendit

la main comme pour garantir Alfred contre les attaques du farouche Anglais. Alors seulement Précigny aperçut la jeune fille; jusqu'à ce moment, elle était restée confondue pour lui au milieu des invités.

— Paix ! Smithson, cria le manufacturier avec un accent d'autorité ; retournez à votre place... ne bougez pas... ne prononcez pas une parole... Cette fois, il serait imprudent de me désobéir !

— Cependant, monsieur.

— Paix ! vous dis-je. Et si vous faites cas de ma volonté, n'ajoutez pas au scandale de cette scène déjà si pénible pour tous.

Smithson n'osa pas résister, et se rassit au milieu des rumeurs diverses suscitées par cet incident.

Cependant Alfred, en reconnaissant Thérèse, avait subi une transformation complète. Son front, si menaçant un peu auparavant, s'était chargé de tristesse, le feu de son regard s'était éteint subitement et ses yeux étaient devenus humides. Il profita du moment où l'attention était fixée sur le manufacturier et sur Smithson; il s'approcha de la jeune fille, et lui dit avec mélancolie :

— Vous, mademoiselle! vous la pure et sainte protectrice des opprimés, vous avez pris part aux joies impies de cette fête!... Je ne m'attendais pas à vous trouver ici... On m'avait assuré que vous étiez trop souffrante pour assister à ce banquet destiné à célébrer notre défaite..! D'ailleurs, je vous savais compatissante et généreuse, j'espérais que vous vous efforceriez de ne pas y paraître!

— Monsieur le comte, balbutia la jeune fille, je ne pouvais... le désir de mon père... Oh ! Dieu me punit bien sévèrement d'avoir obéi !

Elle se cacha le visage.

En ce moment, Laurent s'approcha du comte ; il remarqua tout d'abord le changement qui venait de s'opérer dans son adversaire, il essaya d'en tirer habilement parti :

— Monsieur de Précigny, dit-il à haute voix d'un ton conciliateur, j'aurais droit de m'étonner peut-être qu'un homme bien né, tel que vous, ait provoqué un pareil scandale en présence de tant de personnes honorables réunies en ce moment chez moi ; mais, à leurs yeux comme aux miens, les scènes de douleur dont vous venez, dites-vous, d'être témoin au village, doivent excuser votre égarement, le trouble de vos paroles! Je ne m'offenserai donc pas d'un éclat qui, en toute autre circonstance, eût été inexcusable... Bien plus, je profiterai de cette occasion pour protester, devant l'élite du pays, de ma profonde sympathie à l'égard des malheureux habitants de Précigny; je vous proposerai solennellement, encore une fois, de chercher de concert avec vous et avec eux un arrangement amiable qui concilierait tous les intérêts... J'en atteste le ciel! je suis animé des intentions les plus pacifiques! je serais disposé à de grands sacrifices pour vous donner satisfaction...

Un murmure d'approbation s'éleva dans l'assemblée.

Alfred, les yeux fixés sur Thérèse, avait écouté d'un air morne ces propositions.

— A quoi bon monsieur ! dit-il d'un ton ferme, mais sans colère ; nous perdrions un temps précieux en pourparlers inutiles ; je n'ai qu'un sacrifice à vous demander, et il est au-dessus de vos forces ! Laissons donc la Providence décider entre nous !

— Monsieur le comte, je vous prie instamment...

— Vous m'avez fait remarquer, Monsieur, interrompit Alfred avec dignité, combien ma démarche avait dû paraître inconvenante à vos convives... Comme vous, j'espère que les circonstances seront mon excuse auprès d'eux... Mais je vais laisser vos plaisirs, vos toasts, vos propos joyeux, un moment interrompus, reprendre leur cours...

Puis se tournant vers le médecin :

— Monsieur le docteur, ajouta-t-il, votre

place comme la mienne, n'est pas où l'on rit et où l'on s'amuse, mais où l'on souffre et où l'on meurt... Je vous précède au village de Précigny.

Il salua d'un air grave et il sortit lentement, après avoir jeté un dernier regard sur Thérèse éperdue.

Son départ fut suivi d'une grande rumeur; on s'agitait, on causait avec chaleur. Thérèse se leva précipitamment :

— Monsieur Merville, dit-elle d'une voix émue, avec la permission de mon père, je vais commander qu'on mette les chevaux à la voiture pour vous conduire à Précigny.

Le manufacturier, qui était plongé dans une sombre rêverie, fit un geste d'assentiment.

— Eh bien! mon père, continua Thérèse,

me permettrez-vous aussi d'accompagner M. Merville? Je voudrais apporter quelques consolations à ces malheureux paysans...

Laurent releva la tête, mais il ne dit rien ; il ne semblait pas avoir entendu cette demande. Son visage était livide, bouleversé.

— Mon père, reprit la jeune fille, non moins troublée peut-être, de grâce souffrez que j'accompagne le docteur à Précigny !

Tout à coup le manufacturier parut prendre une détermination subite. Il entraîna sa fille à l'extrémité de la salle.

— Thérèse, dit-il d'une voix basse et pénétrante, toi seule peux conjurer le danger qui me menace.

— Quel danger, mon père ?

— Le comte de Précigny va inévitablement soulever les habitants du pays... Une nouvelle lutte, quel qu'en soit le résultat, sera la ruine de la manufacture... je ne survivrai pas à ce malheur!

— Et vous dites que je peux vous sauver?

— Oui, tu vas rejoindre le comte de Précigny, tu le prieras comme tu sais prier, tu lui arracheras la promesse de contenir la population exaspérée... Il tiendra sa promesse, s'il te la fait, et il la fera.

— Qui vous a donné lieu de penser...

— Il t'aime!

— Mon père!

— Et toi tu l'aimes aussi... Dis-lui ce qu'il faut dire, il ne résistera pas.

— Mon père, votre esprit s'égare,.. je ne vous reconnais plus ! je ne dois pas...

— Il ne peut rien te refuser, te dis-je ? Tu n'as donc pas observé comme son œil s'adoucissait à ta vue, comme son geste, le timbre de sa voix ont changé tout à coup... Oh ! il t'aime encore, il t'aime bien !

— Mais mon père, ce serait une indignité d'abuser de cette influence, si elle existe...

—Fille ingrate! aimes-tu donc mieux que je meure écrasé sous les débris da ma fortune ?

— Mon père !

— Sais-tu que je serais capable de te détester, de te maudire ?

— Assez... assez... j'essaierai, mon père !

— C'est bien !

Laurent s'éloigna brusquement d'elle ; par un effort surhumain, il parvint à grimacer un sourire :

— Allons, va, mon enfant, dit-il à voix haute, puisqu'il n'y a pas moyen de contenir ton humeur charitable... J'en suis sûr, tu nous rapporteras des nouvelles consolantes... Docteur, je vous la confie !

La jeune fille hésita un moment ; elle tremblait, ses jambes fléchissaient sous elle. Enfin elle s'inclina devant les invités, et elle sortit appuyée sur Merville mécontent et abasourdi de tout ce qui lui arrivait.

Alors M. Laurent revint à sa place. La consternation était peinte sur tous les visages ; bon nombre d'invités avaient déjà quitté la salle ; ceux qui restaient avaient un air abattu et terrifié. Le manufacturier essaya de rassurer ses convives.

— Bah ! dit-il en affectant un ton léger, le mal est moins grand peut-être qu'on ne le dit... le messager de ces fâcheuses nouvelles doit nous être suspect, quelque estimable qu'il soit d'ailleurs... Achevons notre souper, la fête n'est pas finie ; demain nous aurons le loisir de nous attrister sur le sort de nos pauvres voisins !

Mais ces consolations banales ne produisirent aucun effet. Les ouvriers continuèrent à déserter la salle pour aller causer en liberté dans la cour et dans les corridors, du nouveau malheur qui venait fondre sur le pays. Les convives de distinction, prétextant l'éloignement de leurs demeures, les difficultés du chemin, prirent congé les uns après les autres avec une précipitation à peine dissimulée sous des formes polies. Au bout de peu d'instants, il ne restait plus dans cette immense galerie, encore resplendissante de lumières, que quelques buveurs silencieux. A la table d'honneur, le manufacturier ne voyait plus outre Smithson, que deux ou trois pique-assiettes campagnards; Rigobert lui-même semblait chercher un moyen de quitter la place au plus vite. Cette solitude, ce silence dans ce lieu naguère encore si bruyant et si animé, avaient quelque chose d'effrayant.

M. Laurent appuya sa main sur son front :

— Serais-je coupable, en effet, murmura-t-il avec angoisse; serait-ce là un châtiment de Dieu?

XVIII

En quittant la salle du banquet, le comte Alfred était retourné immédiatement à Précigny ; mais il avait laissé dans la cour un jeune paysan chargé de conduire le docteur aux maisons où l'on avait le plus pressant besoin des secours de l'art. Pendant que l'on attelait, Thérèse avait jeté une mante de soie noire sur sa parure, s'était munie d'argent, de linge et de tous les objets qu'elle avait cru pouvoir être utiles aux malades. En quelques instants ses préparatifs furent achevés, et la voiture prit le chemin du village.

Le trajet fut silencieux : le docteur, mécontent d'avoir été dérangé au milieu de ses plaisirs, honteux peut-être du rôle qu'il avait joué récemment, grommelait entre ses dents. Thérèse, encore bouleversée des impérieuses injonctions de son père, s'était blottie dans un coin de la voiture, et réfléchissait à l'étrange mission qu'elle avait acceptée. La nuit était claire et transparente ; à travers les vitres des portières, on voyait des vapeurs épaisses se jouer à la surface de l'étang, dont le chemin longeait la rive.

— Maudit brouillard ! grondait Merville en se calfeutrant dans un manteau ; certainement j'attraperai moi-même la fièvre à sortir ainsi à toute heure de nuit et de jour !... Abominable profession ! chien de métier !

Depuis quarante ans, Merville pestait contre sa profession, à chaque événement qui dérangeait ses habitudes.

On atteignit le village et on fit halte à l'entrée de la grande rue. Toutes les maisons étaient fermées ; cependant on apercevait çà et là des lumières aux fenêtres, et on entendait parfois des gémissements dans l'intérieur des habitations.

Thérèse ouvrit la portière, s'élança légèrement de la voiture, et s'adressant au jeune guide qui avait suivi à pied, elle demanda quelles étaient les familles particulièrement frappées par l'épidémie.

— Il y en a plus d'une, Mademoiselle, répliqua le paysan avec tristesse : d'abord la fille de la Guillaumette est bien malade; on croit qu'elle ne passera pas la nuit...; ensuite il y a François, le vigneron, qui nourrissait de son travail sa sœur et ses neveux, et puis la mère Jacqueline, et puis le sacristain Patureau...

Thérèse interrompit cette énumération si pénible pour elle.

— Mais on m'a dit, reprit-elle en frissonnant, sous la brise humide et froide de l'étang, que deux personnes étaient mortes aujourd'hui... A quelles familles appartenaient-elles ?

— C'est d'abord la nièce de Jacqueline, et puis le Petit-Pierre, l'enfant du pauvre Nicolas.

— Quoi le petit-fils de ce malheureux vieillard qui a survécu à toute sa famille, dit Thérèse avec un accent douloureux, cet enfant chéri, la joie et l'espoir de ses derniers jours ? Nicolas, plus qu'un autre, a besoin de consolations, c'est lui que je veux voir le premier... Docteur, continua-t-elle en s'adressant à Merville, hâtez-vous d'aller visiter les malades; ce jeune homme vous conduira... Pour moi un devoir pressant m'appelle chez Nicolas ; je vous rejoindrai à la voiture quand il nous faudra retourner à la fabrique.

— Quoi ! mademoiselle vous oserez entrer chez cet homme, ennemi déclaré de votre père, dans un pareil moment ?

— Qu'ai-je à craindre? répliqua la jeune fille en serrant sa mante autour d'elle; Nicolas est si malheureux ! D'ailleurs ajouta-t-elle, Alfred doit être là !

Elle s'éloigna rapidement et disparut dans l'ombre. Merville se mit pesamment en marche pour commencer sa tournée.

L'habitation du vieillard affligé était une chaumière de chétive apparence, cachée à moitié sous un grand noyer, à quelque distance de l'église. En approchant, Thérèse fut frappée d'un bruit confus de voix parti de l'intérieur; mais, sans s'arrêter à cette observation, elle souleva vivement le loquet de bois, et pénétra dans la maison. La porte se referma derrière elle.

La pièce où se trouvait la jeune fille avait été occupée par la famille de Nicolas, au temps où cette famille était nombreuse ; on y voyait encore deux grands lits à ciels sur lesquels avaient expiré des personnes chères au pauvre vieillard ; mais depuis long-temps, ils ne servaient plus. L'ancien jardinier du château s'était retiré avec le pauvre petit garçon, objet de sa sollicitude, dans une pièce du fond, dont la porte entr'ouverte laissait passer en ce moment une vive lumière ; Thérèse après avoir traversé cette chambre abandonnée, allait pénétrer dans la seconde, mais elle s'arrêta tout-à-coup sur le seuil.

En face d'elle, sur un petit lit de noyer propre, et bien tenu se dessinait une forme blanche et indistincte. Deux cierges de cire brûlaient devant cette couche mortuaire de l'enfance; un crucifix de bois et un verre contenant de l'eau bénite et un morceau de buis, étaient disposés sur un tabouret entre les deux candélabres de cuivre. En bas du lit, sur le carreau nu, était assis un homme à demi-vêtu, plongé dans un effrayant désespoir. On ne pouvait voir son visage qu'il tenait caché dans ses mains ; mais à ses cheveux blancs, et surtout à sa douleur, on reconnaissait Nicolas. Il restait immobile comme une statue ; seulement, il répétait par intervalles, d'une voix sourde et déchirante.

— Mon petit Pierre! mon pauvre petit Pierre!

Autour de lui se trouvaient une douzaine de notables habitants du village. Les uns causaient à voix basse dans l'ombre ; d'autres, cherchant à tirer l'aïeul de son accablement, lui prodiguaient les consolations les plus affectueuses; mais à tout ce qu'on lui disait, il répondait de sa voix déchirante :

— Mon petit Pierre!.. mon pauvre petit Pierre!

Thérèse, au moment de pénétrer dans cet asile de désolation, avait aperçu le comte de Précigny debout et sombre auprès du lit mortuaire. Alfred, après sa courte apparition à la fabrique, était retourné en toute hâte chez Nicolas. Quelques paysans encore valides étaient venus l'y joindre afin d'aviser avec lui aux moyens de combattre le fléau qui éclatait de nouveau d'une manière si terrible.

Mademoiselle Laurent devinait la vérité, et elle éprouvait une certaine hésitation à se montrer aux malheureux habitants de Précigny dans une circonstance aussi douloureuse. Elle craignait une nouvelle explosion de malédictions contre son père, et le courage lui manquait pour les affronter. D'ailleurs, Alfred n'était pas seul, et une démarche irréfléchie pouvait lui aliéner la confiance de ces malheureux aigris par la douleur.

Pendant qu'elle hésitait, Mathurin qui se trouvait dans l'assemblée, disait au vieillard d'une voix émue :

— Allons, courage! père Nicolas, encore cette fois, soyez homme, soyez chrétien... Nous vengerons ce pauvre enfant, je vous le jure ! Grâces à Dieu, quelques uns de nous sont encore sur leurs pieds, et nous sommes décidés à frapper un grand coup ; toutes les communes voisines viendront à notre aide ;

nous irons attaquer la manufacture, nous démolirons la chaussée, nous brûlerons les bâtiments, les marchandises, et si quelqu'un ose nous résister...

— Mon pauvre petit Pierre! soupira le vieillard sans même lever les yeux.

— Ils riaient et ils chantaient ce soir! s'écria une femme; ils faisaient bonne chère, ils se réjouissaient pendant que nous étions dans les larmes et dans le deuil! et l'on dit que le bon Dieu est juste!..

— Il est heureux, lui, ce Laurent! reprit un autre interlocuteur, tout lui réussit; il s'enrichit chaque jour : il est bien portant; il a une fille qui l'aime... Son bonheur même insulte à notre misère. La mort n'ose pas entrer chez lui...

— Elle y entrera, soyez-en sûrs... elle y

entrera avant peu! Le bon Dieu le punira dans la personne de sa fille, et ce sera justice.

Alfred sortit de sa rêverie :

— Paix! dit-il avec autorité, que personne n'ose profaner le nom de mademoiselle Laurent, s'il veut m'avoir pour ami! Respect à cette sainte créature! Vous ne savez pas, vous autres, ce qu'il y a de simple grandeur, de noblesse, de générosité dans la fille d'un tel père!

Un profond silence suivit ces paroles.

— Il m'aime! pensa Thérèse ; mon père avait raison ?..

— Eh bien! monsieur le comte, demanda Mathurin d'un air de déférence, vous connaissez nos projets d'en appeler à la force ;

êtes-vous disposé encore à nous soutenir, à nous commander ?

Alfred resta un moment sans répondre.

— Je ne reculerai devant aucune des nécessités de ma mission, répliqua-t-il enfin avec énergie. Nous sommes allés jusqu'au bout dans les voies légales; tant pis pour ceux qui nous auront poussés dans d'autres voies ! Oui, mes amis, cette terrible maladie qui vient de reparaître tout-à-coup et qui, pour la première victime, a choisi cette innocente créature, ne nous permet pas d'hésiter... Il faut, en effet, frapper un grand coup qui retentisse dans la France entière !.. Peut-être alors, l'excès de notre désespoir forcera-t-il l'opinion publique à se déclarer chaudement pour nous, et au temps où nous vivons, rien ne résiste à l'opinion publique... Mes amis, vous m'avez dit que nous pouvions compter sur les habitants du voisinage ; dès demain prévenez-les qu'ils aient à venir nous joindre au premier appel !

— Tout le pays se soulèvera en notre faveur, s'écria Mathurin, notre cause est celle de tous les braves gens... Eh bien, monsieur le comte, quel jour fixez-vous pour l'attaque de la fabrique.

— Vous le saurez bientôt... que l'on se tienne prêt à agir d'un moment à l'autre.

— Et vous vous mettrez à notre tête?

— J'assumerai sur moi la responsabilité de cette expédition... je m'exposerai le premier au danger, et plus tard, je rendrai compte le premier devant la justice, des actes que le désespoir nous aura fait commettre... Je vous appartiens jusqu'à la mort.., je le jure sur ce pauvre enfant dont l'âme est en ce moment devant Dieu !

Ce serment, prononcé d'un ton solennel, parut produire une vive impression sur les assistants ; tous remercièrent chaleureusement leur protecteur.

Thérèse, cachée dans la pièce voisine, n'avait pu entendre sans une poignante émotion la résolution qui venait d'être prise. Ainsi se trouvaient réalisées les craintes du manufacturier ; les habitants de Précigny, allaient en appeler à la violence et le comte Alfred devait encore être leur chef.

— Oh ! mon Dieu ! murmurait-elle avec angoisse, comment lui demander maintenant le sacrifice de ce qui fait l'objet de toutes ses pensées ? Comment le décider à fausser le serment qu'il vient de prononcer ? Cependant j'ai promis à mon père... Si seulement je pouvais lui parler en liberté, ne fût-ce qu'un instant !

Le hasard sembla la servir à souhait ; un mouvement extraordinaire se fit dans la chambre ; les assistants se préparaient à retourner chez eux. En effet, après avoir adressé à Nicolas des consolations qu'il n'entendit pas, et avoir serré sa main inerte et brûlante, ils traversèrent la première pièce pour gagner la porte extérieure. Thérèse n'eût que le temps de se cacher derrière les épais rideaux de l'un des lits. Une vieille femme sortit la dernière, en annonçant tout haut qu'elle reviendrait plus tard, afin de passer la nuit près du vieillard affligé ; puis tous quittèrent la maison et l'on entendit le bruit de leurs pas au-dehors s'amoindrir à mesure qu'ils s'éloignaient. Mademoiselle Laurent avait acquis la certitude que le comte n'était pas avec eux.

Un profond silence régnait dans la chambre mortuaire ; sans doute Alfred était plongé dans ses réflexions, ou bien il craignait de troubler la douleur du vieux Nicolas. Thérèse crut le moment favorable pour se montrer ; elle s'avança en chancelant ; son haleine était oppressée ; au moment où elle touchait la porte, elle s'arrêta de nouveau ; la résolution lui manquait.

Cependant, Alfred s'était approché du vieillard accroupi et, se penchant vers lui, il disait d'un ton attendri :

— Allons, Nicolas, mon vieil ami, je ne saurais vous voir ainsi accablé... Avez-vous vécu si longtemps pour ne pas savoir supporter les malheurs de la vie ?... Voyons, ne vous laissez pas ainsi abattre par la douleur, c'est moi qui vous en prie... Ne me reconnaissez-vous pas ? le comte de Précigny, le fils de votre ancien maître, votre ami ?

Nicolas se souleva lentement et montra son visage have et décomposé.

— Où est mon petit Pierre ? dit-il avec égarement; que me fait le reste ? je suis seul, tout seul !...

— Et moi, Nicolas, et moi ? reprit Alfred d'un ton de reproche, ne suis-je pas là pour vous aimer ? je vous servirai de fils et d'appui, mon vieux Nicolas... Je suis bien malheureux aussi, allez... comme vous je suis seul au monde, sans parents, sans amis ! je n'attends plus de bonheur sur la terre; nous souffrirons ensemble !

Il y avait tant de bonté, tant de douceur mélancolique dans la voix d'Alfred, que l'âme paralysée du vieillard parut un peu secouer sa torpeur. Un éclair d'intelligence brilla dans ses yeux, et il fit un mouvement pour tendre la main à son consolateur ; mais presqu'aussitôt, retombant dans son atonie, il répéta ce nom qui revenait toujours à ses lèvres.

— Nicolas, reprit le comte avec autorité, vous êtes sans courage parce que vous ne vous êtes pas adressé à Dieu... Priez, mon vieil ami, cela console et cela soulage... Prosternez-vous devant Dieu ; priez ou plutôt prions ensemble ; prions, si vous le voulez, ce petit ange qui vous a quitté pour remonter au ciel...

En même temps il le forçait à s'agenouiller devant le crucifix de bois déposé sur la couche funèbre ; lui-même se prosterna à côté du vieillard et le soutint de son bras robuste. Les lèvres de Nicolas s'agitaient sans former de sons ; Alfred, les yeux fixés sur l'image du Christ, semblait l'implorer mentalement avec ferveur.

Tout-à-coup la flamme des deux cierges qui éclairaient cette scène funèbre, s'agita doucement ; une ombre blanche vint s'agenouiller sans bruit de l'autre côté du vieillard, pour joindre sa prière à la prière des deux amis. C'était mademoiselle Laurent.

Alfred tressaillit et attacha sur elle des yeux hagards ; cette apparition, dans les circonstances présentes, lui semblait surnaturelle. Nicolas lui-même tourna vers l'étrangère son visage hébété et terreux. Elle continua à prier.

XIX

Enfin le comte sembla reconnaître qu'il n'était pas la dupe d'une illusion de son imagination frappée. Il fit asseoir le vieillard, retombé déjà dans son anéantissement léthargique, et il dit à Thérèse :

— Vous ici, mademoiselle ? vous que tout à l'heure j'ai vue si heureuse et si fière aux côtés de votre père, au milieu des enivrements d'une fête somptueuse ?

La jeune fille se leva lentement.

— Ma place, à moi, n'est-elle pas mieux ici ? répliqua-t-elle avec tristesse ; plus que vous, monsieur de Précigny, j'ai sujet de rechercher les lieux où l'on peut apprendre à souffrir et à mourir.

— Mais ne craignez-vous pas que le spectacle de nos maux ne vous fasse haïr ?...

— Mon cœur n'a point de place pour la haine, et celui que vous accusez ne mérite pas les inimitiés sanglantes dont on le poursuit... Vous au moins, monsieur le comte, n'avez-vous jamais trouvé en lui ni sentiments nobles, ni générosité ?

— Peut-être, mademoiselle... Peut-être son âme vulgaire réfléchit-elle parfois quelque chose de la belle âme de sa fille, comme l'eau trouble elle-même peut réfléchir au ciel d'azur. Et cependant...

— Et cependant, monsieur, vous le menacez d'une sinistre vengeance... cependant, vous êtes sur le point de soulever contre lui une population furieuse et qui sera sans pitié.

— Quoi! vous savez?...

— J'étais-là... j'ai tout entendu, murmura Thérèse en rougissant.

Alfred la regarda fixement.

— Eh bien ! reprit-il après un instant de silence, qu'attendez-vous de moi?... Je ne puis mentir à ma parole, manquer à un serment solennel?

— Mais vous pouvez, monsieur le comte, renoncer à un projet dont les suites seraient fatales à mon père, à vos malheureux protégés, à vous-même.

Le comte prit la jeune fille par la main, et l'entraînant vers l'extrémité de la chambre :

— Thérèse, dit-il d'une voix étouffée, avez-vous donc conscience de votre immense pouvoir sur moi! Avec-vous donc deviné ce que Dieu seul et moi savons peut-être?...

Elle lui désigna du doigt, par un geste solennel, l'enfant mort et le vieillard accroupi.

— Cet amour est si chaste et si pur que je puis en parler même en présence de ce cadavre, même devant ce malheureux père dont l'âme plie sous le faix de la douleur ! répliqua le comte avec chaleur ; il est comme l'amour du chrétien pour la Vierge du ciel !

— Ne profanez pas des sentiments aussi sacrés en les appliquant à une femme... Dites plutôt que cet amour ne s'adresse déjà plus à une créature vivante, car, vous le savez, mes jours sont comptés et mon heure est proche ! C'est pour cela que je vous écoute, c'est pour cela que je ne m'offense pas de vos paroles, c'est pour cela que je puis vous répondre : comte Alfred, si les lois divines et les conventions sociales l'eussent permis, j'eusse été heureuse de vous aimer !

Cet aveu, fait avec tant de simplicité et de candeur, dans cette chambre mortuaire, au milieu de ce lugubre appareil, avait un caractère de pureté religieuse qui semblait ne pas appartenir aux sentiments terrestres. Le pâle visage de Thérèse se détachait dans la demi-teinte comme une figure de marbre, ses longues paupières étaient baissées sur ses yeux ; un sourire d'une tristesse indéfinie se jouait sur ses lèvres.

— Thérèse, murmura le jeune homme d'une voix haletante, serait-il possible? vous m'aimez et vous me l'avouez sans détours... Mais non, cela n'est pas, cela ne peut pas être! je vous ai fait trop de mal à vous, à votre père... Vous voulez me tromper pour égarer ma raison, pour m'obliger à trahir mon devoir.

— J'attends de vous un grand sacrifice, Alfred, mais je ne vous trompe pas... Que Dieu me pardonne si je commets une faute en vous parlant ainsi ; mais je n'ai pas voulu emporter mon secret dans la tombe. Ce sentiment, Alfred, je l'ai bien longtemps renfermé dans mon cœur; il existait déjà avant le jour où votre attention s'arrêta sur moi pour la première fois. Quand vous alliez chasser là-bas dans la brande, quand vous passiez devant la fabrique en détournant les yeux, moi, cachée, derrière le rideau de ma fenêtre, je vous épiais au passage, je vous suivais longtemps du regard ; quand vous aviez disparu, je pensais encore à vous. Dans mes heures de solitude et de rêverie, je me rappelais ces belles actions de vos ancêtres, dont ma gouvernante avait amusé mon enfance; je vous voyais brave comme ce chevalier, le chef de votre famille, qui mourut à la croisade, en défendant la vie du roi Philippe-Auguste; généreux et désintéressé comme votre grand'père, qui se ruina pour nourrir ses vassaux et rebâtir leurs demeures; ferme dans vos croyances comme votre père qui scella de son sang sa fidélité à ses rois légitimes... Jugez donc de mon admiration, quand j'appris que, digne héritier de tant de grandeur et de loyauté, vous veniez protéger à votre tour cette population misérable, décimée par une affreuse épidémie? Pauvre et sans appui, vous preniez à tâche de continuer l'œuvre bienfaisante de vos aïeux, vous réalisiez tous mes rêves... Malheureusement Dieu me punit de cet amour insensé... C'était mon père qui était votre ennemi; mon devoir était de faire des vœux contre vous, de vous haïr, et ce devoir était au-dessus de mes forces... Que de fois ai-je passé la nuit en prières pour demander à Dieu la grâce de ne pas maudire, de ne pas mépriser votre ennemi !

Elle s'arrêta et versa quelques larmes.

— Noble jeune fille ! répliqua le comte avec transport. Mais vous n'avez pas été seule à souffrir... Moi aussi, j'ai eu des nuits d'angoisse et de désespoir pendant les huit mois qui viennent de s'écouler ! Je vous aimai, Thérèse, du premier moment où je vous vis, et depuis ce moment j'ai été condamné à verser sans cesse la haine et l'opprobre sur ce que vous aviez de plus cher au monde, sur votre père ! Quand j'appelais sur lui l'exécration publique, une partie de cette honte rejaillissait sur vous, douce et pure enfant, dont la gracieuse image était toujours présente à ma pensée ! Oh ! combien l'accomplissement de ce devoir m'a coûté cher !... Dieu le sait, Thérèse, sans cette parole consolante que vous laissâtes tomber sur moi avec une larme en me quittant à la ferme, sans cette promesse de me conserver votre estime, quoique je fisse pour sauver cette population infortunée, le courage m'eût manqué bien des fois pendant la lutte ; j'eusse peut-être déserté la cause des malheureux pour venir vous demander le prix de ma lâcheté !

— Ami, vous me rappelez-là une circonstance que je me suis bien souvent reprochée comme une faute grave, au fond de ma conscience... Le jour où j'accompagnai mon père à la ferme, je savais ce qu'il voulait vous proposer ; j'étais sûre que vous refuseriez de sacrifier à prix d'or la cause de la pauvreté et du malheur ; cependant je voulus être témoin de votre désintéressement... j'eus tort peut-être, car mon admiration pour vous fut plus puissante que mes devoirs envers mon père !

Alfred l'écoutait comme en extase ; ses mains étaient jointes; son visage, un peu rejeté en arrière, exprimait ce ravissement qu'éprouverait un mortel en entendant la voix d'un ange.

— Thérèse, reprit-il avec enthousiasme, cet amour mutuel, cette union de nos deux âmes, ce bonheur de vivre l'un pour l'autre, ne doit pas être un rêve passager, la chimère d'un instant.... Pourquoi l'abîme qui nous sépare ne pourrait-il un jour être comblé ? Je suis jeune, je suis plein d'ardeur et de courage, j'accomplirai des prodiges, s'il le faut, pour t'obtenir, pour te mériter !

Thérèse secoua la tête.

— Et moi, Alfred, reprit-elle, m'exprimerais-je avec tant de liberté, si je voyais pour nous l'espoir d'une réunion ailleurs que dans le ciel ? Aurais-je oublié à ce point la timidité de la femme?... Ami, je vous parle en ce moment comme si j'étais déjà sur mon lit de mort...

Le comte sentit au cœur un horrible déchirement.

— Ne dis pas cela, Thérèse, balbutia-t-il ; n'évoque pas cette affreuse image.... je mourrai si tu meurs.

— Vous vivrez, au contraire, Alfred, vous vivrez pour me pleurer quelquefois, pour penser toujours à moi qui vous aimais tant !... Oui, vous vivrez pour être utile à vos semblables, pour donner des exemples de magnanimité et de dévoûment à ce mauvais monde; vous vivrez, je le veux, je vous en prie... et pour vous prouver mes droits à votre obéissance, apprenez que je meurs pour vous... pour vous seul !

— Pour moi? oh! si je pouvais croire....

— Ne vous hâtez pas de vous accuser. Écoutez; la maladie qui me dévore était héréditaire, il est vrai, dans la famille de ma mère, mais elle s'est déclarée chez moi à la suite d'une de ces fièvres pernicieuses répandues dans le pays... D'après mes instances le docteur cacha cette circonstance à mon père; gardez-moi le secret; vous êtes trop généreux pour en abuser... Dès les premiers symptômes alarmants, en changeant d'air, en quittant le pays, j'aurais pu rétablir ma santé; mais il eût fallu renoncer à vous voir quand vous passiez indifférent devant la fabrique pour aller à la chasse! Or, vous voir, c'était mon bonheur, c'était ma joie! si je n'avais pas compris les obstacles, les préjugés, les haines qui nous séparaient, j'aurais voulu me conserver pour vous; mais vous ne pouviez m'aimer, peu m'importait de vivre! Je restai près de mon père, l'invincible répugnance qu'il éprouvait à quitter avec moi sa fabrique, fut le prétexte dont je colorais à mes propres yeux une faiblesse coupable peut-être; mais le sacrifice, si c'en est un, vous revient tout entier... Vous voyez bien, ami, que vous ne devrez m'oublier jamais.

Alfred n'avait plus la force de prononcer une parole, de grosses larmes roulaient sur ses joues; sa poitrine était oppressée; il pressait convulsivement contre ses lèvres la main froide et diaphane de la jeune fille.

— Je vous afflige, reprit-elle en soupirant; cependant, Alfred, maintenant que vous savez les maux que vous m'avez causés, ne consentirez-vous pas à épargner mon père pour l'amour de moi! Pauvre père! il va cruellement souffrir de ma perte, lui si confiant et, grâce à mes efforts, si plein de sécurité! sa punition, s'il en mérite une, ne sera-t-elle pas terrible?

Le comte se souleva péniblement.

— Commandez, Thérèse, dit-il d'un air accablé, je n'ai plus ni force ni volonté... commandez et je vous obéirai, dussé-je affronter le parjure, le déshonneur!

— Le parjure; le déshonneur! sont-ils faits pour le comte de Précigny, pour mon brave, mon généreux Alfred?... Non, non, je ne demande rien qui puisse souiller votre caractère ; je vous demande seulement, Alfred, de ne pas donner suite à vos projets de violence contre mon père. Votre mission deviendrait criminelle et indigne de vous, si vous employiez de pareils moyens pour l'accomplir... renoncez-y, Alfred... me promettez-vous d'y renoncer ?

Le comte s'était mis à genoux devant Thérèse.

— Oui, oui, murmura-t-il d'une voix entrecoupée de sanglots : que m'importe l'humanité, et ses souffrances, et les devoirs qu'elle impose ! Que m'importe la vie puisque je vais perdre Thérèse...

— Ami, reprit la jeune fille avec douceur, je ne veux pas de cette douleur profonde, désordonnée, qui brise l'âme et la rend incapable d'accomplir de grandes choses! Vous êtes appelé, comte de Précigny, à jouer un rôle utile sur la scène du monde, à rendre d'importants services à la société. Honte au lâche qui, trouvant son fardeau trop lourd, le jette sur le bord du chemin!... Ami, les larmes passeront; mon souvenir sera pour vous comme le souvenir d'un rêve doux et mélancolique; je vous apparaîtrai en imagination, non plus pâle et triste comme aujourd'hui, mais belle et souriante; vous songerez à moi dans vos travaux, dans vos affections, dans vos espérances; vous invoquerez mon âme comme une divinité familière, toujours prête à vous assister! vous vous réjouirez avec moi du bien que vous aurez fait, vous me prendrez à témoin de vos douloureux sacrifices... Voilà les sentiments que je voudrais vous inspirer quand je serai allée à un monde meilleur! Alfred, voilà comment j'ai compris l'union entre le comte de Précigny et la fille du manufacturier Laurent!

Elle avait les yeux levés vers le ciel, les mains jointes, le regard inspiré, blanche et légère, elle semblait déjà n'être plus une habitante de la terre. Le comte, toujours prosterné devant elle, poussait des sanglots convulsifs.

XX

Rien, jusqu'à ce moment, n'avait troublé cette lugubre entrevue. Tout à coup, à la lueur sépulcrale des cierges qui brûlaient devant le lit, on vit le vieux Nicolas soulever lentement sa tête blanche. Les mains appuyées sur ses genoux, les bras raidis, il tourna ses yeux ternes et vitreux vers les deux jeunes gens. Il ne disait rien, mais cette attitude, ce regard fixe étaient remplis de reproche et de menace.

Thérèse frissonna et chercha à dégager sa main de l'étreinte convulsive du comte.

— Laissez-moi, Alfred, dit-elle avec effroi ; nous avons oublié l'un et l'autre où nous étions... Je crains que nous n'ayons offensé ce malheureux vieillard... Mon Dieu ! mon Dieu ! cet amour n'est-il pas aussi saint que la prière des morts ?

Alfred retenait toujours cette main tremblante, la couvrait de baisers et de larmes.

— Il est temps de nous séparer, ami, reprit la jeune fille avec douceur ; puisse cette entrevue ne jamais s'effacer de votre mé-

moire, car peut-être elle sera la dernière...
Et maintenant, adieu ; votre présence m'a
fait oublier mes pauvres malades ; mais j'ai
rempli un devoir sacré : j'emporte votre
promesse que mon père est à l'abri de tout
danger, de toute atteinte?

Le comte, abîmé dans son désespoir, ne
répondait pas.

— Alfred, Alfred ! reprit Thérèse en s'animant un peu, ne m'avez-vous pas assuré
que vous ne serviriez pas les sanglantes colères des gens de Précigny contre mon
père?

— Oui, oui, balbutia le jeune homme,
presque sans savoir ce qu'il disait.

Au même instant, une main lourde se
posa sur son épaule; il tressaillit et tourna
la tête. Nicolas avait quitté sa place, se traî-

nant à peine, et surgissait comme un spectre entre les deux jeunes gens. Son visage jaune et ridé avait une expression terrible. Thérèse recula d'un pas, poussa un léger cri ; Alfred lui-même parut frappé de stupeur.

Les lèvres flétries du vieillard s'agitèrent d'abord sans former des sons : puis il prononça lentement ces paroles :

— Et votre serment, Précigny, avez-vous oublié votre serment ?

Alfred gardait toujours un morne silence ; la jeune fille tremblait.

— Traître !... traître... murmura le vieillard avec un accent sinistre.

Et ses prunelles, éteintes un moment auparavant, dardaient un feu dévorant.

— L'entendez-vous ? dit Alfred d'un air égaré, en s'adressant à Thérèse ; voilà quel nom me donnera désormais ce vieux serviteur de ma famille! Voilà comment tous les autres parleront de moi, ils me maudiront en exhalant leur dernier soupir... Mais que m'importent leurs reproches, que m'importent leurs souffrances, que m'importent leurs vies? Thérèse, pour un jour ajouté à ton existence, je donnerais la mienne, je donnerais les existences de tous les habitants de la terre si elles m'appartenaient!

— Lâche! lâche! gronda le vieillard.

Thérèse n'avait plus la force de se soutenir : ces cruelles émotions avaient épuisé même son courage.

— Nicolas, reprit-elle enfin, n'accusez pas votre bienfaiteur; le désespoir a égaré votre raison... M. de Précigny s'est engagé à défendre les habitants de ce village, mais non par des moyens que réprouvent les lois divines et humaines, non par l'incendie, par le meurtre peut-être !

— Qui parle de meurtre, qui parle d'incendie ? reprit Nicolas avec véhémence ; *il* avait d'autres projets ! *il* voulait seulement frapper notre oppresseur dans son insolente richesse...

Thérèse regarda le comte...

— En effet, murmura celui-ci, j'avais conçu le projet de détruire cet infernal étang.

— Mais cette destruction serait la ruine de mon père... et sa ruine serait sa mort.

Nicolas parut retrouver tout à coup une vigueur surnaturelle. Il entraîna la jeune fille vers la couche funèbre.

—Sa mort ! répéta-t-il d'un ton farouche,

et ceux qui meurent là, autour de nous, n'ont-ils pas des filles, n'ont-ils pas des amis, n'ont-ils pas des familles? et cet enfant, ce pauvre petit enfant, continua-t-il en découvrant par un geste brusque le visage livide de son petit-fils, n'avait-il pas un père, un malheureux père qui ne lui survivra pas?

Et il se précipita sur le lit, étouffant dans des sanglots et des hurlements.

Thérèse pria un moment en silence; au bout de quelques secondes, elle se releva.

— Alfred, dit-elle avec plus de calme, j'ai eu tort de vous demander un sacrifice que votre conscience vous défendait d'accomplir! Ce bon vieillard a raison; toutes les existences ont un prix égal devant Dieu... Poursuivez donc votre votre sainte et pourtant terrible mission! Je me contenterai de votre promesse, qu'il n'y aura pas effusion de sang et que la maison de mon père sera respectée...

— Et moi, Thérèse, répliqua le jeune homme d'un ton abattu, je voudrais n'avoir de pensée, de dévouement que pour vous! Tout ce qui n'est pas vous m'irrite ou me lasse...

En ce moment, un grand bruit se fit entendre dans le village. Un cheval galopait sur les cailloutis de la rue principale; des coups de marteau étaient frappés aux portes des maisons; des voix confuses et animées s'élevaient dans diverses directions.

— Paix! écoutez!... Que se passe-t-il donc? dit Thérèse avec terreur.

Le cheval s'était rapproché de l'habitation de Nicolas; une femme qui passait s'informa auprès du cavalier de la cause de cette rumeur :

— On demande le docteur Merville sur-le-champ, répliqua-t-on d'une voix haletante. L'épidémie vient de se déclarer à la fabrique avec une violence inouïe... Déjà plusieurs ouvriers en sont atteints !

— Serait-il possible ?... Mais, bah ! c'est encore un mensonge pour nous faire prendre patience. Si les ouvriers sont malades, c'est d'avoir trop bu de vin aujourd'hui à la fête : ils sont ivres, sans doute !

— Bonne femme, répliqua le cavalier, ne plaisantez pas sur un pareil sujet... Mais, ma foi ! quand on n'est pas de ce pays, on doit s'en éloigner au plus vite ; c'est ce que je vais faire... Adieu !

Aussitôt le cheval reprit sa course, et le bruit se perdit dans l'éloignement.

— L'avez-vous entendu? dit Thérèse en sortant de la stupeur où l'avait jetée cette nouvelle terrible : notre tour est venu !

— C'est un châtiment de Dieu ! s'écria Nicolas avec une joie sombre en se redressant ; l'homme dur et impitoyable sera puni par où il a péché !

— C'est plutôt un moyen que Dieu emploie pour toucher son cœur et le disposer à la générosité ! répliqua Thérèse avec véhémence ; Alfred, je ne dois pas rester ici un instant de plus ; je retourne près de mon père... Cet épouvantable événement aura peut-être changé ses idées sur ses droits inexorables ; peut-être sa volonté de fer fléchira-t-elle enfin... Je vais le voir et plaider de nouveau la cause du malheur; cette fois, je l'espère, il ne résistera plus... Vous, de grâce ajournez pour quelques jours encore l'exécution de vos projets... Si vous ne recevez de moi aucune nouvelle, si je ne parviens à vaincre son opiniâtreté, faites votre devoir envers vos protégés, envers vous-même; ce sera l'ordre de Dieu !

Le comte éperdu savait à peine de quoi il s'agissait :

— Thérèse ! Thérèse ! s'écria-t-il d'un ton déchirant en voyant la jeune fille près de s'éloigner.

— Adieu ! ami... Nous nous reverrons peut-être sur la terre... sinon à revoir en haut !... Souvenez-vous de vos promesses !

Et elle s'élança hors de la chambre.

Dans la première pièce, elle rencontra la

paysanne dont elle venait d'entendre la voix. La bonne femme crut voir une ombre passer près d'elle dans l'obscurité, et elle fit précipitamment un signe de croix.

Quelques instants après, Alfred de Précigny quittait le village pour retourner chez lui à la ferme. La nuit était assez avancée; quelques nuages couvraient le ciel. La brise, de plus en plus fraîche, se chargeait de ces émanations marécageuses, cause première de l'épidémie, et frémissait dans le feuillage. La campagne était déserte, silencieuse; seulement, dans le lointain, un rossignol, indifférent aux souffrances des hommes, célébrait en joyeuses roulades les charmes de cette nuit de printemps.

Alfred s'enfonça dans le chemin boisé qui longeait le cimetière; sa tête brûlait, son imagination était exaltée jusqu'au délire. Cette conversation récente avec Thérèse avait tendu à briser toutes les facultés de son âme. Par moments il éprouvait des hallucinations, les idées de mort qui s'agitaient dans son cerveau prenaient une forme au dehors; il croyait voir des ombres s'agiter dans l'obscurité; il croyait entendre un pas léger et furtif suivre le sien. Souvent il s'arrêtait, portait la main à son front brûlant, et, aspirant avec force ce vent pestiféré qui venait du lac, il répétait avec une sombre douleur :

— Oh! mon Dieu, si je pouvais mourir aussi !

Cependant cet état de crise était trop violent pour durer longtemps; peu à peu la fraîcheur de l'air, le mouvement de la marche, agirent sur son organisation ; son sang circula moins vite, sa respiration devint moins oppressée. Comme il arrive d'ordinaire à la suite d'une grande souffrance morale, il tomba dans une espèce d'anéantissement ; sans pensée, sans souvenir, il continuait sa route, guidé par l'instinct, plutôt que par une volonté libre et réfléchie.

A une courte distance de la ferme, pendant qu'il suivait un chemin profondément encaissé entre deux haies, un animal de grande taille lui barra tout à coup le passage. C'était un cheval tout sellé et bridé qui broutait tranquillement l'herbe sur le talus.

Evidemment ce cheval s'était débarrassé depuis peu de son cavalier, et celui-ci, sans doute, n'était pas loin. Alfred s'empara de la bride de l'animal et il allait se mettre à la recherche du propriétaire, lorsqu'une voix lamentable, s'élevant à quelque distance, lui donna lieu d'espérer que cette recherche ne serait ni longue ni difficile.

Traînant le cheval après lui, le comte atteignit bientôt l'endroit d'où partaient les cris. Sur le bord d'un fossé était couché un homme en apparence grièvement blessé.

— Par pitié! s'écria l'inconnu en entendant quelqu'un s'approcher, venez à mon secours, ou certainement je mourrai ici.

— Qui êtes-vous, monsieur? que vous est-il arrivé?

— Je suis un ami de M. Laurent; je viens de la fête qu'on a donnée là-bas à la fabrique... Je devais coucher chez M. Laurent, mais j'ai eu peur de la maladie qui s'est déclarée ce soir, et j'ai résolu de retourner à la ville sur le champ. Mon cheval, que je pressais trop, a butté dans l'obscurité, m'a désarçonné et s'est enfui... J'ai voulu me lever, mais il m'est impossible de me tenir debout ; j'ai un pied cassé ou tout au moins cruellement luxé... Mon ami, je vous récompenserai généreusement si vous me conduisez à quelqu'habitation où je pourrai trouver des secours.

L'étranger trompé par l'obscurité, croyait avoir affaire, comme on le voit, à quelque paysan du voisinage. Le comte resta un moment silencieux.

— Cette fête a été fatale à tous ceux qui y ont assisté ! reprit-il enfin d'une voix grave ; mais aussi, les imprudents n'ont-ils pas osé tenter la Providence !

Ces paroles firent tressaillir l'inconnu.

— Vous êtes le comte de Précigny ! dit-il avec un étonnement mêlé d'inquiétude.

— C'est moi, en effet... eh bien ! monsieur, voici votre cheval que j'ai eu le bonheur d'arrêter ; je vais vous aider à vous remettre en selle...

— Souffrant comme je suis, il me serait impossible de continuer ma route.

— Alors, appuyez-vous sur moi ; la ferme de La Pommeraie, où je demeure, est près d'ici ; vous y recevrez les soins que votre état réclame.

— Quoi ! Monsieur le comte, sans me connaître, sans savoir mon nom...

— Qu'importe? dans la situation où vous êtes, vous avez droit au secours de tout homme, de tout chrétien qui vous trouve sur son passage... Fussiez-vous mon plus mortel ennemi, je ne pourrais, sans crime, refuser de vous recevoir !

L'étranger hésita un moment.

— J'accepte, dit-il enfin ; aussi bien la nécessité ne me permet pas de faire autrement... Oui, Monsieur le comte, j'accepte votre hospitalité, et peut-être ne vous repentirez-vous pas de cette conduite généreuse ; je ne passe pas pour bon dans la vie ordinaire ; la connaissance des hommes m'a rendu assez difficile à attendrir... cependant, encore une fois, peut-être n'aurez-vous pas sujet de regretter cette bonne action !

Alfred, sans l'écouter, l'aidait à se lever. Après un quart d'heure de marche, pendant lequel le silence fut troublé seulement par les *ouf* et les *holas* du blessé, ils atteignirent La Pommeraie.

Bientôt l'inconnu fut commodément installé dans la plus belle chambre de la ferme, sur le lit même du maître du logis. Catherine, frictionnait la partie malade avec de l'*eau de Boule*, alors réputée souveraine pour les lésions de ce genre. Comme l'avait supposé le blessé, le pied n'était point fracturé, mais seulement luxé, ce dont il lui fut facile de s'assurer lui-même. Le comte assistait à l'opération, mais il était distrait en dépit de ses efforts.

— Monsieur, dit-il enfin, je vais, si vous le jugez convenable, envoyer chercher le docteur Merville; seulement, en raison des circonstances, je crains...

— Il ne viendrait pas, répliqua l'étranger

d'un air de réflexion; d'ailleurs, comme il n'y a rien de grave, l'eau de Boule suffira... je me sens déjà soulagé. Certainement d'ici à deux ou trois jours je serai en état de remonter à cheval. Cependant un séjour trop prolongé chez vous...

— Ne dérangera personne, monsieur; ayez l'esprit tranquille à ce sujet.

— Mais, j'occupe votre lit...

— De longtemps, murmura le comte avec un peu d'égarement, je ne rechercherai le sommeil !

L'étranger se tut un moment.

— Du moins, demanda-t-il avec hésitation, cette maudite fièvre épidémique, n'est-elle jamais venue de ce côté?

— Rassurez-vous, monsieur, répondit Alfred avec un sourire amer, ce petit coin de terre a toujours été épargné par le redoutable fléau, jusqu'à ce moment. Vous serez en sûreté ici... mais si vous vouliez apprendre à vos amis de la fabrique l'accident qui vous est arrivé, j'enverrais demain matin un valet de ferme pour...

— Non, non, n'en faites rien, je vous prie ; il vaut mieux que l'on ignore... si M. Laurent apprenait...

— Je comprends, interrompit le comte avec quelque hauteur ; mais je dois respecter les volontés de mon hôte ; je recommanderai donc aux gens de la maison un silence absolu... Adieu, monsieur, ajouta-t-il avec un accent de politesse, en dépit de vos amitiés, considérez-vous ici comme chez vous.

Il ordonna de nouveau à Catherine d'avoir le plus grand soin de l'étranger, puis il se retira dans une pièce voisine, comme impatient d'échapper aux devoirs que lui imposait cette hospitalité forcée.

Rigobert, car on l'a reconnu sans doute, resta longtemps pensif après son départ.

— On a beau dire, murmurait-il, ces vrais nobles ne parlent pas et n'agissent pas comme tout le monde... Pauvre jeune homme! s'il savait... Quel dommage que ça n'entende rien aux affaires!

XXI

Le rétablissement de Rigobert fut rapide : deux jours après l'accident, il se promenait déjà dans la chambre avec l'appui de Catherine, et il pouvait à la rigueur monter à cheval pour se remettre en route. Le secret de son séjour à la ferme avait été soigneusement gardé; le lecteur soupçonne quels motifs devait avoir l'homme de loi de cacher ainsi ses rapports avec le comte de Précigny; mais les gens de la ferme, n'étant pas dans la confidence, s'évertuaient fort à deviner qui pouvait être ce personnage, survenu d'une manière si inopinée. Quant à Alfred, il s'était à peine informé du nom de son hôte, nom du reste qui lui était tout à fait inconnu : absorbé dans de graves pensées, il ne songeait au blessé que pour veiller à son bien-être et à sa tranquillité.

Pendant ces deux jours, la fatale épidémie n'avait pas diminué, soit au village de Précigny, soit à la fabrique de M. Laurent : de nouvelles victimes avaient succombé. A la manufacture, une terreur panique s'était emparée des ouvriers; ceux qui étaient sains ou qui n'avaient encore reçu que de légères atteintes du mal, s'étaient empressés de partir avec leurs familles, pour aller chercher ailleurs du travail et de la santé. Grâce à ces désertions, les travaux avaient cessé, les ateliers étaient abandonnés; chacun s'empressait de fuir ce lieu inhospitalier où la mort faisait tant de ravages. Smithson et deux ou trois de ses Anglais, hommes de fer insensibles à tout, bravaient seuls le terrible fléau. Le reste de cette nombreuse population industrielle, qui autrefois donnait tant de vie et d'animation au pays, avait pris la fuite, ou encombrait l'infirmerie trop étroite de la fabrique. Merville avait été chargé spécialement, par le manufacturier, de soigner les ouvriers malades, et il ne pouvait les quitter d'un instant. Aussi avait-on été obligé de mander, pour les gens du village, d'autres médecins du voisinage; des hommes dévoués et courageux, comme la science en produit souvent, en dépit du docteur Merville, n'avaient pas manqué à cet appel, et les pauvres paysans n'avaient rien perdu au change.

Cependant le comte Alfred était dans une vive anxiété au sujet de Thérèse. Depuis la terrible soirée passée chez Nicolas, il n'avait reçu d'elle aucune nouvelle directe. Mademoiselle Laurent était restée enfermée à la fabrique, et nul ne pouvait assurer l'avoir vue pendant ces deux jours. Le manufacturier lui-même était devenu invisible, même pour ses amis les plus dévoués. Cette réclusion singulière avait donné beaucoup à penser ; les uns supposaient que M. Laurent avait des remords et se reprochait les maux dont il avait le spectacle sous les yeux ; d'autres attribuaient à la frayeur que lui inspirait l'indignation publique, cette séquestration absolue. Peut-être Thérèse profitait-elle d'un moment de doute et de faiblesse pour essayer de lui arracher un consentement, sinon à la destruction de l'usine, du moins au dessèchement de cet étang fatal qui empestait l'air autour de Précigny. Telle était parfois l'opinion d'Alfred ; mais alors comment expliquer le silence de mademoiselle Laurent ? Elle connaissait les projets de violence prêts à s'exécuter ; ce silence ne pouvait-il pas s'interpréter comme une autorisation tacite de laisser les événements avoir leur cours ; Alfred le sentait, et cependant il n'osait prendre sur lui d'agir, au risque d'exciter la colère de celle qu'il aimait plus que sa vie.

A défaut du manufacturier, le contre-maître Smithson dirigeait seul les affaires de la fabrique, seul il avait des rapports avec les gens du dehors; jamais son pouvoir n'avait été aussi grand. Du reste, il n'ignorait pas ce qui se tramait, et il se répandait tout haut en menaces; il annonçait en jurant qu'il était prêt à recevoir les agresseurs et qu'il saurait défendre, jusqu'à la dernière extrémité, les propriétés de son patron.

Il devenait de moment en moment plus difficile de contenir l'exaspération des habitants de la commune; aigris par tant de souffrances, ils éprouvaient un impérieux besoin de tenter quelque chose pour s'aider eux-mêmes. Les députations se succédaient sans relâche à la ferme de La Pommeraie ; et, comme le vieux Nicolas, tombé presqu'en enfance depuis la mort du dernier de ses petits fils, n'était plus là pour modérer ces malheureux en leur parlant leur langage, il était impossible de leur faire comprendre la nécessité de la prudence. Ils représentaient que le moment était favorable pour une démonstration éclatante ; que M. Laurent semblait frappé d'inertie et ne serait pas disposé sans doute à parer le coup qui le menaçait ; que les ouvriers de la fabrique s'étaient presque tous retirés, et que Smithson, malgré ses vanteries, n'avait aucun moyen d'opposer une sérieuse résistance aux projets des révoltés. Le comte de Précigny écoutait leurs doléances d'un air sombre et abattu ; mais sans dire la cause réelle de ses retards, il ajournait toujours une explosion inévitable, attendant un événement qu'il eût été fort embarrassé lui-même de préciser. Aussi, était-il devenu suspect à ces gens passionnés; ils commençaient à l'accuser de tiédeur et d'indifférence.

Enfin, Alfred ne put résister davantage à ces instances; un matin, que beaucoup de notables de Précigny et des communes voisines étaient réunis à la ferme, il désigna pour agir la soirée du dimanche suivant. Cette décision fut accueillie par de grands cris de joie; il semblait à ces infortunés paysans que cet acte de protestation violente dût porter instantanément remède à leurs maux. Ils remercièrent leur jeune chef avec chaleur, puis ils se retirèrent pour aller se préparer à l'œuvre commune et prévenir leurs amis.

A peine étaient-ils partis, que le comte se repentit d'avoir cédé à leurs prières ; en songeant au chagrin qu'un acte d'agression causerait à Thérèse, il voulait les rappeler, leur donner contre-ordre... Il était trop tard, la nouvelle se répandait déjà dans tout le pays : il ne dépendait plus de lui de comprimer les passions déchaînées. D'ailleurs, le délai fixé par Thérèse elle-même n'était-il pas passé ? n'avait-il pas sa liberté d'action ? Mademoiselle Laurent pourrait-elle se plaindre d'un événement qu'elle aurait encouragé par son silence ?

Bouleversé par ces réflexions, il monta chez son hôte pour s'informer de ses nouvelles, comme il faisait plusieurs fois par jour. Rigobert, assis dans un fauteuil, était tout habillé et semblait fort agité. Il répondit à peine au maître du logis qui s'enquérait de sa santé.

— Monsieur le comte, dit-il avec un accent singulier, vos planchers ici sont très-minces; il est difficile de cacher au premier étage ce qui se passe au rez-de-chaussée... Sans le vouloir, j'ai entendu votre complot de tout à l'heure.

— Ah ! répliqua Alfred d'un ton distrait, vous savez...

— Oui ; je sais ce qui se trame et d'autres que moi le sauront aussi.

— Je ne prétends pas cacher un acte qui aura le pays entier pour complice.

—Fort bien, mais permettez-moi de vous le dire, même en raisonnant dans votre sens, vous avez commis une faute grave de divulguer ainsi vos plans si longtemps d'avance... Le vieux Laurent, là bas à la fabrique, est un habile homme; dans une heure, il connaîtra votre dessein, et il n'aura pas de peine à le faire manquer. Défiez-vous de lui ; quoiqu'il ait l'air de s'endormir, sûrement il vous tend quelque piége... Oh ! je le connais de longue date, vieux Laurent ! nous avons traité plus d'une affaire ensemble !

Les yeux de Rigobert rayonnaient d'astuce et de contentement de lui-même.

— Je croyais que M. Laurent était votre ami, répliqua le comte toujours distrait.

— Oui, oui, nous avons eu des relations fréquentes et nous avons suffisamment appris à nous connaître, à nous apprécier !... Mais cette amitié là, mon digne jeune homme, ne m'empêche pas de vous vouloir du bien et de vous remontrer les suites possibles de votre entreprise... En admettant que tout réussisse au gré de vos désirs, qu'il n'y ait pas de sang versé, comme je vous en ai entendu donner l'ordre, inévitablement à la suite de cet appel à la force vous serez arrêté le premier...

— Je le sais, monsieur, et je ne fuierai pas.

— Je dis arrêté, emprisonné, jugé en cour d'assises et condamné à une peine afflictive ou infamante.

— Tout cela est probable, monsieur; eh bien ! voyez ma bizarre destinée, plus les conséquences de cette entreprise seront fâcheuses pour moi, moins j'aurai regret de m'y être engagé !

— Quoi donc ! pour de misérables paysans attaqués de la fièvre, vous, homme bien né, intelligent, indépendant, vous allez sciemment vous attirer sur les bras ces vilaines affaires ?...

— Si j'ignorais à quoi je m'expose, où serait le mérite de mon action ?

Les traits du blessé exprimaient une sorte d'étonnement comique.

— De par tous les diables ! reprit-il d'un ton incisif, je croyais avoir l'expérience des hommes, mais on apprend chaque jour quelque chose de nouveau en ce genre... Depuis que je vous connais, et il y a peut-être plus longtemps que vous ne pensez, vous avez bouleversé des idées déjà enracinées dans ma cervelle avant votre naissance... C'est à n'y pas croire... Mais voyons, continua-t-il avec volubilité, si je ne me trompe pas, voici votre projet en deux mots : Vous voulez par un grand éclat, par une véritable révolte à main-armée, obtenir que le pouvoir accorde enfin une attention sérieuse aux griefs de vos clients et supprime la fabrique, n'est-ce pas cela ?

— Vous dites vrai, Monsieur.

— L'idée est bonne et j'ai des raisons particulières de penser que le succès ne serait pas impossible... Malheureusement cette entreprise, quel qu'en soit le résultat, aurait pour vous personnellement les graves inconvénients dont nous parlions tout à l'heure; eh bien, s'il y avait un autre moyen d'atteindre le même but ?

— Je l'ai espéré un moment, répliqua le

comte en soupirant; mais je me suis trompé sans doute.

— Hein! croyez-vous? dit Rigobert en le regardant fixement; il me semble cependant avoir entendu parler à M. Laurent de certains papiers...

— Quels papiers?

— Je ne sais, moi, répondit l'homme de loi qui parut tout à coup éprouver une grande difficulté à s'exprimer; mais M. Laurent s'inquiétait fort d'un inconnu, d'un vieux bonhomme qui vint vous trouver ici un peu avant votre voyage à Paris...

— Ah! cet intrigant qui prétendait me vendre dix mille francs des pièces de procédure... Oui, oui, je me souviens de lui... Mais quel rapport peut-il y avoir entre ces papiers et l'épidémie qui règne à Précigny?

— Je l'ignore complètement, répliqua Rigobert fort mal à l'aise en apparence ; seulement le fabricant de drap de là-bas, M. Laurent, craignait fort qu'ils ne tombassent entre vos mains... J'ai conclu de là qu'au moyen de ces papiers, il vous serait possible de l'inquiéter dans sa possession, de lui arracher des concessions, peut-être.

— Ce serait là des remèdes bien lents pour des maux pressants.

— Essayez toujours... Pourquoi ne pas rechercher ce personnage inconnu, lui demander des explications et...

— Non, non ; je ne veux avoir rien de commun avec un pareil homme; d'ailleurs il me répugnerait d'employer les voies de la chicane dans une si belle cause...

— La chicane, interrompit Rigobert avec

aigreur, la chicane a du bon, et vous feriez bien de l'étudier un peu avant de médire d'elle ! Mais puisque vous ne voulez ni comprendre, ni deviner, restons-en là... Il faut laisser un aveugle se jeter dans le précipice, quand il ne tient aucun compte des avertissements sages.

En même temps il se mit à froisser d'un air d'impatience la flanelle qui enveloppait son pied malade. Alfred s'aperçut à peine de sa colère; pendant cette conversation il avait été constamment distrait et c'était à peine s'il avait pu répondre à propos; cette distraction seule l'avait empêché de remarquer certaines expressions de son hôte qui l'eussent frappé dans un moment plus calme. Après quelques minutes de silence il se leva pour se retirer.

— Un mot encore, Monsieur le comte,

reprit Rigobert d'un air préoccupé ; s'il est impossible de vous faire renoncer à votre projet de rébellion, ne pourriez-vous du moins en retarder un peu l'accomplissement? vous auriez le temps de réfléchir, de prendre des mesures pour diminuer vos dangers personnels... ce sont ceux qui m'occupent surtout...

— Merci de votre sollicitude, M. Rigobert, mais il n'est plus en mon pouvoir de retarder, fut-ce d'une heure l'explosion du complot... Le mot d'ordre est déjà donné ; tous les habitants de la commune se trouveront au rendez-vous au jour désigné; si je refusais de les joindre, je suis convaincu, tant ils sont animés, qu'ils agiraient sans moi, et alors Dieu sait à quels excès ils oseraient se porter !

— Cependant, Monsieur le comte...

Alfred l'interrompit d'un air de politesse :

— Cette conversation pourrait vous fatiguer, dit-il, d'un ton un peu sec, je vais vous laisser reposer... les affaires de mes protégés me réclament tout entier... veuillez donc m'excuser, et à bientôt.

Il salua et sortit précipitamment. Resté seul, Rigobert murmura entre ses dents :

— L'orgueilleux ! le jeune fou ! mépriser ainsi la chicane !... Pardieu ! il mériterait une bonne leçon et j'ai envie... Bah ! on peut essayer.

Alfred ne rentra qu'assez avant dans la journée ; à son retour il apprit le départ de Rigobert. L'homme de loi s'était fait hisser sur son cheval et, après avoir chargé la servante de compliments pour son maître, il avait quitté la ferme.

Alfred, indifférent pour tout ce qui ne touchait pas au secret de son cœur, haussa les épaules en apprenant cette nouvelle.

— Je l'ai froissé, murmura-t-il avec un sourire amer, et il va me trahir... Qu'importe? je n'ai pas compté sur sa reconnaissance.

Et il oublia complètement son hôte disparu si singulièrement.

XXII

Le délai fixé pour le soulèvement de la commune s'écoula rapidement. M. Laurent et sa fille étaient toujours invisibles. Cette retraite inconcevable, dans les circonstances aussi graves, après avoir longtemps préoccupé Alfred de Précigny, avait fini par lui paraître un encouragement à poursuivre ses desseins, sans doute le manufacturier était las de cette lutte qui durait sans paix ni trêve depuis plus de huit mois; se voyant dans l'impuissance de maîtriser les événements, il s'était résigné à les subir ; à ce déchaînement de fureurs populaires, il voulait opposer seulement la force d'inertie. Souvent aussi Alfred se prenait à penser que la maladie de Thérèse avait fait de nouveaux progrès, et que M. Laurent, menacé de perdre son enfant chérie, était devenu indifférent à ses autres intérêts; mais cette pensée lui semblait horrible, et il n'osait s'y arrêter, préférant, comme tous les hommes passionnés, une illusion agréable à une douloureuse réalité.

Le lieu de rendez-vous pour le coup de

main projeté était un carrefour, situé à égale distance du village de Précigny et de la fabrique. Une croix de pierre moussue s'élevait à l'angle du chemin, au milieu d'un massif de prunelliers et de coudriers; un vaste espace vide s'étendait à l'entour et pouvait contenir un grand nombre de personnes, de là, le regard embrassait, comme une sorte de champ de bataille, la contrée environnante. A gauche, la magnifique fabrique de Laurent avec ses encoignures rouges, ses milliers de fenêtres et sa longue chaussée de pierre ; à droite, le pauvre village, couvert en chaume, perdu au milieu de ses maigres plantations d'arbres fruitiers; en face, l'étang aux eaux noires et immobiles; à l'horizon, la brande, cet accessoire obligé des paysages du Berry.

Au moment où le soleil allait disparaître derrière un rideau de nuages gris étendu au couchant, plusieurs centaines de personnes se trouvaient déjà réunies à la croix du carefour, et les chemins étaient encore encombrés de piétons. La profonde pitié qu'inspiraient les habitants de Précigny avait soulevé en leur faveur les populations à plusieurs lieues à la ronde. On accourait de toutes les parties du pays pour prendre part à ce que l'on considérait comme une œuvre sainte. Les malades, pour qui l'épidémie n'avait pas eu un caractère foudroyant et mortel, ceux chez qui la fièvre étant passée, pour ainsi dire, à l'état chronique, pouvaient encore se mouvoir, s'étaient traînés au rendez-vous convenu, on voyait même dans la foule quelques femmes animées à la vengeance. Des groupes nombreux s'étaient formés ; des orateurs en sabot parlaient avec chaleur au milieu d'un cercle d'auditeurs et étendaient fréquemment le bras vers la fabrique, d'un air de menace. Cependant, chose remarquable, ces gens exaltés, réunis dans un but de dévastation, n'avaient ni fusils, ni bâtons, ni rien qui fît supposer des intentions aggressives. En revanche, ils étaient munis de pioches, de bêches, de pics et d'autres instruments propres à une démolition. Alfred avait donné les ordres les plus sévères pour que pas un des insurgés ne se présentât avec des armes ; il avait été ponctuellement obéi.

Bientôt le comte arriva lui-même au rendez-vous, suivi d'une demi-douzaine de notables plus particulièrement initiés à ses projets ; il fut accueilli par les uns avec des acclamations bruyantes, par les autres avec un respect silencieux. Alfred était vêtu à peu près comme le jour où les gens de Précigny avaient imploré sa pitié ; casquette plate et blouse grise serrée par une ceinture de cuir. Seulement une lourde barre de fer aiguisée par le bout avait remplacé dans ses mains blanches et aristocratiques, son élégant fusil de chasse. Ce costume, cet instrument de travail avaient, en ce moment, une signification précise ; ils témoignaient de la part active qu'Alfred comptait prendre à l'œuvre commune. Du reste, il était fort pâle, et cette pâleur ressortait encore davantage sous le collier de favoris noirs qui encadrait son visage.

Après avoir salué gracieusement la foule, échangé des poignées de mains avec les assistants les plus dignes de cette distinction, il monta sur le piédestal de la croix, et il se mit à examiner attentivement la fabrique. Nécessairement, un pareil rassemblement n'avait pu se former si près d'elle sans que M. Laurent ou ses inférieurs en fussent avertis, cependant, tout semblait calme et désert à la manufacture. La grande porte était fermée, la roue qui mettait en mouvement les immenses machines était immobile. Pas un curieux ne se montrait aux fenêtres, personne dans les jardins, sur les terrasses, dans la campagne. Seulement, Alfred crut voir un homme à cheval sortir furtivement par une porte située à l'autre extrémité des bâtiments, et s'éloigner au galop dans la direction d'une grand'route voisine.

Depuis quelques instants déjà, le comte

était plongé dans sa contemplation ; Mathurin qui depuis les malheurs de Nicolas, avait mérité par son zèle et son intelligence, de le remplacer auprès d'Afred, s'avança timidement dans le cercle formé autour de lui :

— Ma foi ! ils n'ont pas bougé tout de même ! dit-il en ôtant son chapeau ; mais savez-vous, monsieur, qu'on a demandé de la gendarmerie et des dragons à la ville pour nous disperser et nous empêcher de faire notre besogne ?

— Je le sais, répliqua Précigny d'un ton bref et distrait.

— Aussi l'on s'étonne que les troupes ne soient pas encore arrivées... Sans doute elles se seront égarées dans nos chemins de traverse... Mais je viens de reconnaître ce coquin d'Anglais, M. Smithson, qui se sauvait à cheval; vous avez pu le voir comme moi; certainement il va au-devant des soldats pour les engager à hâter leur marche...

— C'est très-probable, répondit le comte sans paraître le moins du monde alarmé de ces nouvelles.

— Ainsi donc, continua Mathurin, si ce que l'on vient de me conter est vrai, il n'y a plus personne à la fabrique et nous n'avons rien à craindre de ce côté.

— Que voulez-vous dire? demanda Alfred avec étonnement.

— Dame! monsieur, je ne sais si l'on a voulu se gausser de moi, mais on prétend que depuis plusieurs jours M. Laurent et sa fille ont quitté la manufacture et qu'ils sont maintenant loin d'ici!

— Partis! non, non... cela n'est pas croyable! Laurent ne se serait pas ainsi abandonné lui-même.

— Écoutez donc, M. de Précigny, on a beau être riche, la mort n'épargne personne... l'orgueilleux fabricant a bien pu avoir peur comme les autres !

— En effet, ceci expliquerait... Mais alors pourquoi aurait-il caché son départ avec tant de soin ?

— Ce n'est pas bien difficile à comprendre. M. le maire s'imaginait que nous n'oserions rien entreprendre tant qu'il serait sur les lieux, et il s'est arrangé pour qu'on ne se doutât pas de son absence.

— Toutes ces suppositions sont fondées en apparence, dit Alfred d'un air pensif. Oh ! si je pouvais croire...

Il s'arrêta, voyant qu'on l'écoutait, et il retomba dans ses réflexions.

— Monsieur le comte, reprit timidement Mathurin après une pause, le soleil est couché, et tout notre monde est réuni... Ne croyez-vous pas qu'il serait temps de commencer? la besogne sera longue, sans doute, et ce scélérat de Smithson peut tomber sur nous d'un moment à l'autre avec la force armée.

— Vous avez raison, et cependant...

La foule se pressait en masse compacte autour des deux interlocuteurs.

— Eh bien! qu'attendons-nous? demandèrent plusieurs des assistants avec impatience; partons... l'heure est venue!

Le comte hésitait toujours, promenant autour de lui un regard d'angoisse, scrutant avec lenteur chaque porte et chaque fenêtre de l'usine . de grosses gouttes de sueur perlaient sur son front. Il était dans un de ces moments de crise où la considération la plus frivole, un mot, un geste peuvent changer une grave détermination. Mathurin devina son trouble :

— Monsieur le comte, dit-il à voix basse, nous avons compté sur vous comme sur la Providence....... Nous abandonnerez-vous comme elle?

Alfred ne répondit pas d'abord; puis il se redressa brusquement.

— Allons! dit-il d'un ton résolu; que le ciel me pardonne si je commets une faute!

Il agita la main pour annoncer qu'il voulait parler. Le plus profond silence s'établit aussitôt.

— Mes amis, dit-il d'une voix forte, nous nous trouvons dans la nécessité d'accomplir un acte de violence répréhensible en lui-même et dont nous devons gémir les premiers ; s'il nous était resté un moyen légal d'obtenir justice, nous n'eussions jamais dû songer à nous faire justice nous-mêmes ; aussi, pour que notre conduite ait une excuse, il nous faut montrer dans toutes nos démarches la plus grande modération, la plus scrupuleuse réserve... Quant à moi, je ne prétends récuser ni ma part de responsabilité, ni ma part de danger ; je vous suis dévoué corps et âme, mais à une condition : c'est que vous m'obéirez avec exactitude.....

— Oui, oui, s'écria-t-on de tous côtés, vous êtes notre bienfaiteur, notre meilleur ami... C'est à vous de nous commander.

—Nous vous obéirons, continua Mathurin avec enthousiasme, quand même vous nous ordonneriez de nous jeter dans cet infernal étang... Mourir pour mourir, nous n'y regarderions pas de si près.

— C'est çà! cria un voix rogomeuse sortant tout-à-coup du milieu de la foule, et ceux qui n'emboîteront pas le pas comme il faut dans la consigne, passeront par mes mains, mon officier, c'est moi qui vous le dis!

En même temps, un homme robuste, à longues moustaches, au visage balafré, vêtu d'un vieil uniforme rapetassé et coiffé d'un bonnet de police en mauvais état, se fit jour des coudes et des épaules jusqu'à la pierre qui servait de tribune. Il portait sur ses épaules des outils de mineur et un grand sac qui semblait contenir de la poudre.

— Tiens! c'est le père Lapanse, l'ancien sapeur de la garde impériale! dirent plusieurs des assistants.

— Oui, c'est moi, présent à l'appel! répliqua le nouveau venu, qui rappelait assez bien le type du vieux grognard d'autrefois; me voici avec *mon* hache et tout le bataclan. Vous verrez comme j'en pince!

Alfred salua le père Lapanse par un signe amical.

— Eh bien donc, mes amis, reprit-il d'un ton animé, puisque nous nous entendons, il faut agir... Que chacun de vous suive exactement les instructions qu'il a reçues, avec de la docilité et de la bonne harmonie, nous réussirons dans notre entreprise. A l'œuvre donc! et à la garde de Dieu!

Il sauta à bas de son poste élevé, et la foule s'ébranla ausssitôt en poussant des cris de joie.

On a deviné sans doute quel était le projet des insurgés; il s'agissait de démolir la chaussée et de donner cours à cette masse d'eau stagnante qui corrompait l'air autour d'eux. Les pauvres paysans s'imaginaient dans leur simplicité que, la digue une fois rompue, l'épidémie cesserait instantanément. Alfred ne s'abusait pas à ce point; mais il comptait sur l'effet moral, sur le retentissement inévitable de cet acte de violence, qu'allaient accomplir des populations parvenues

au dernier degré de souffrance et de misère ;
il espérait, par ce coup hardi, obliger l'autorité à prendre une décision généreuse ;
nous savons déjà combien ses espérances étaient fondées.

En quelques instants on atteignit cette magnifique jetée, la merveille du pays. La nuit était venue, mais la lune, brillant au ciel dans tout son éclat, devait favoriser les travailleurs. Aucun bruit de voix ne trahissait plus cette masse noire et compacte qui s'agitait si près de l'usine ; le faible mugissement de l'eau en s'échappant d'un conduit de dégagement, les croassements des grenouilles dans le marécage, couvraient le murmure sourd causé par la marche de tant de personnes.

Les hésitations du comte Alfred de Pré-

importante par son résultat, Alfred se disposait à suivre le père Lapanse, qui, avec l'aide de quelques carriers, s'était chargé de la mener à bien. Au moment de s'enfoncer dans cette gorge humide et ténébreuse, le comte jeta de nouveau les yeux sur l'usine. Toujours même silence et même immobilité de ce côté; sans doute le petit nombre d'ouvriers valides qui pouvaient s'y trouver encore eût été impuissant à repousser les dévastateurs et c'eût été folie de l'essayer. Mais comment expliquer cette absence de vie, cette morne apathie dans un pareil moment?

A force de regarder, Alfred de Précigny aperçut une lueur faible, mystérieuse, à une fenêtre du pavillon occupé par M. Laurent et sa fille: on eut dit de la lampe qui brûle dans la chambre d'un malade.

cigny n'avaient pas été inutiles ; elles avaient donné le temps d'organiser un plan d'attaque, de désigner des chefs et de partager la tâche entre les habitants des divers villages. Tout d'abord, chacun sembla savoir exactement ce qu'il avait à faire. On se forma en groupes distincts, sous la surveillance des chefs choisis à l'avance, et on se mit à l'ouvrage sur-le-champ. Tandis que les uns attaquaient, avec des pioches et des bêches le cailloutis de la chaussée, d'autres commençaient, au moyen de pics, à desceller les pierres du revêtement ; d'autres enfin, descendant dans une espèce de vallée située au-dessous de la digue, se préparaient à saper par la base cet immense massif de pierre et de chaux.

Cette dernière opération devant être la plus

— Ils n'ont donc pas quitté la manufacture? murmura le comte, on m'avait donc trompé?... cette inaction serait-elle une ruse pour faire manquer nos plans?... Oui, Laurent est habile, désintéressé au besoin; il craint un éclat autant que je le désire ; il a résolu de rester passif. Un pareil concours de paysans ne peut pas être fréquent; il compte, la bourrasque une fois passée, reparer les dégats et étouffer toute cette affaire. C'est dans ce but peut-être que les soldats, dont on avait annoncé l'arrivée ici, ont été contremandés! Cependant... oh! Thérèse, ajouta-t-il en regardant fixement la pâle lumière du pavillon, noble, douce, angélique Thérèse, pourquoi vois-je toujours votre image entre cet homme et moi?

En achevant ces mots, il descendit lentement le talus, couvert de gazon, pour atteindre les fondations de la chaussée. Lapanse avait jeté son habit bas, relevé ses manches de chemises, et, assisté de ses compagnons, il travaillait déjà à établir dans la maçonnerie ce qu'on appelle une *chambre* en terme de mineur.

— De par tous les diables! disait-il dans son langage énergique et agréablement lardé de réminescences de caserne, ce n'est pas aussi facile à démolir qu'un pont..... Un pont, voyez-vous, on attaque la clé de voûte, en amorce... et feu! ça va tout seul. Dieu! j'en ai-t-y rompu des ponts du temps de *l'autre*! Mais ce temps-là est passé... Aujourd'hui, on bâtit des ponts de tous côtés, et on n'en fait plus sauter nulle part... C'est fièrement tannant pour le génie militaire en général et pour le sapeur en particulier !

Pendant qu'il se livrait à ces doléances, Lapanse enlevait, à chaque coup de pioche, d'énormes éclats de pierre ou de brique. Les autres le secondaient vigoureusement, et, avec de pareils travailleurs, la besogne devait aller vite.

XXIII

Au bout de quelques heures, les ravages causés par cette foule exaspérée semblaient déjà irréparables. Le revêtement de pierres d'un côté de la chaussée avait presque entièrement disparu ; de toutes parts on entendait le bruit des outils attaquant la maçonnerie, ou les blocs détachés s'abîmant dans les eaux profondes de l'étang. Partout des ombres noires se mouvaient comme des génies malfaisants, au milieu de l'obscurité de la nuit. Au pied même de la digue, Lapanse avait creusé un conduit souterrain, avec l'habileté d'un homme habitué à de semblables travaux, et il s'occupait de charger la mine qui devait consommer l'œuvre de destruction. Peu d'instants avaient suffi pour préparer l'anéantissement de cet ouvrage, dont la construction avait coûté une année de travail à plusieurs centaines d'ouvriers.

Au milieu de cette activité générale, le comte de Précigny ne restait pas oisif. Il n'avait pas d'encouragements à donner, car chacun, croyant travailler pour soi, pour sa famille, pour ses amis, accomplissait sa tâche avec ardeur. Il allait de groupe en groupe, joignant ses efforts à ceux des autres, là pour arracher une pierre, là pour remuer un bloc. Parfois il travaillait avec une sorte de frénésie, comme s'il eût voulu chercher dans l'agitation physique l'oubli des pensées poignantes qui le torturaient. D'autres fois il s'interrompait tout à coup et, les mains appuyées sur son pic de fer, il regardait fixement la fenêtre du pavillon.

La première moitié de la nuit était déjà écoulée, lorsque le père Lapanse, sortant de l'espèce de tannière qu'il s'était creusée, annonça que sa besogne était terminée, et qu'il allait mettre le feu à la mine.

Aussitôt Alfred s'élança au milieu des travailleurs :

— Alerte! s'écria-t-il (et pour la première fois depuis le commencement de la démolition on entendait sa voix), sauvez-vous... Retirez-vous là-bas, sous les arbres, le plus loin possible... Allons, laissez-là votre ouvrage.... Fuyez, la poudre fera le reste.

On se précipita en désordre vers la rive gauche de l'étang, du côté opposé à la fabrique. Les uns, dans la rapidité de leur course, oubliaient leurs outils; d'autres s'appelaient avec terreur. En un instant, la chaussée fut entièrement déserte, et l'on pouvait voir, à la clarté de la lune, les brèches énormes, les excavations que les démolisseurs avaient laissées derrière eux. Alfred parcourut lui-même la jetée, afin de s'assurer qu'aucun ouvrier trop ardent n'était resté en arrière ; mais la panique avait été générale, tous s'étaient retirés sur la terre ferme, à une assez grande distance pour n'avoir rien à redouter de l'explosion.

Après une rapide inspection, le comte revint prendre son poste en tête de la chaussée.

— Ferai-je feu ? cria le mineur du fond de la vallée.

Alfred se taisait ; à la fenêtre du pavillon, il lui semblait avoir vu une ombre passer devant la lumière ; immobile et retenant son haleine, il attendait.

— Ferai-je feu ? répéta Lapanse impapatienté.

L'ombre avait disparu ; Alfred détourna la tête en poussant un gémissement.

—Au moins êtes-vous sûr, demanda-t-il

au mineur, que l'explosion ne rejetera pas les pierres sur la manufacture?

Une imprécation étouffée fut la réponse.

Au même instant, une petite flamme bleuâtre brilla dans l'obscurité du vallon, et on entendit un sifflement léger pareil à celui d'un serpent.

Alfred, en proie à quelque préoccupation étrange, ne songeait pas à fuir. Tout à coup le vieux soldat, gravissant le talus, s'élança sur lui à corps perdu et l'entraîna rapidement.

— Êtes-vous fou? dit-il avec force, ou bien êtes-vous las de la vie?

— L'un et l'autre peut-être! murmura le comte avec mélancolie.

A peine s'étaient-ils réfugiés derrière un arbre du rivage que l'explosion eut lieu. Le centre de la chaussée se déchira, s'entrouvrit comme un volcan; un immense jet de flamme éclaira le ciel, la campagne, le lac d'une lueur sinistre, et une détonation, semblable à celle de plusieurs pièces d'artillerie réunies, retentit au milieu du silence. Mais l'obscurité de la nuit retomba aussitôt comme un voile épais sur la nature; une grêle de pierres et de matériaux, lancés dans les airs, vint frapper les eaux à grand bruit, rebondit sur la terre nue; puis un tourbillon de poussière et de fumée roula lourdement à la surface de l'étang, poussé par la brise paresseuse du soir, et tout fut fini.

Pendant la crise, les spectateurs, préoccupés du soin de leur propre conservation, étaient restés muets et tremblants. Le calme rétabli, ils s'avancèrent avidement pour juger de l'effet produit par la mine. Une vaste brèche s'était formée au milieu de la chaussée du côté du vallon ; mais le revêtement en pierre du côté de l'étang n'avait pas entièrement cédé ; l'eau ne s'échappait encore qu'en mince filet de son vaste réservoir.

— Ah! c'est comme ça ! murmura Lapanse avec une sourde imprécation en saisissant sa pioche ; on veut déshonorer le vieux sapeur du génie, en faisant croire aux pékins qu'il ne sait pas son état ?... Eh bien ! nous allons voir, mordieu !

Et il s'élança au milieu des débris pour remédier à cet inconvénient. C'était s'exposer à un péril imminent ; on lui cria de s'arrêter, Alfred lui ordonna impérieusement de revenir ; mais le vétéran, froissé dans son amour-propre, n'eut garde d'obéir. Quelques secondes après, il était debout sur la brèche et frappait à coups redoublés les matériaux qui encombraient le passage des eaux.

Les spectateurs suivaient ses mouvements avec anxiété. Tout à coup une ligne blanche et écumeuse s'allongea au milieu des débris; un bruit sourd et continu se fit entendre. Lapanse sauta vivement en arrière, et revint vers la foule en brandissant sa pioche d'un air joyeux.

— Elle coule ! elle coule ! crièrent mille voix avec l'accent de l'enthousiasme ; nous sommes sauvés !

— Oui, elle coule ! répliqua gaîment le mineur, et elle coulera tant qu'il en restera une goutte... Diable ! le père Lapanse n'est pas un conscrit, et il aime à faire de l'ouvrage propre pour les amateurs !

La lenteur avec laquelle s'écoulaient les eaux semblait d'abord contredire l'opinion du vieux praticien. Le courant luttait péniblement contre les obstacles; cependant peu à peu il parut prendre de la force ; la trouée pratiquée dans la maçonnerie s'élargit ; le massif de la chaussée, n'étant plus protégé par son revêtement, céda à l'action dissolvante du torrent. Puis des blocs énormes furent emportés, et, enfin, les eaux triomphantes s'élancèrent avec une fureur irrésistible, bondirent avec fracas, entraînant dans leurs tourbillons d'écume des gâteaux de briques et de ciment. En un instant la vallée inférieure fut inondée. C'en était fait de l'étang de Précigny.

Les dévastateurs contemplaient leur ouvrage avec une indicible joie. Assurés maintenant du succès de leurs efforts, ils battaient des mains, ils se félicitaient, ils s'embrassaient. Au lieu de ce silence qu'ils avaient gardé jusque-là, c'étaient des rires fous, des cris de triomphe, des fanfaronnades naïves. Les plus exaltés entouraient le comte Alfred, instigateur et chef de cette expédition nocturne; les larmes aux yeux, ils lui adressaient les remerciements les plus chaleureux.

— Vous êtes notre sauveur, s'écriaient-ils; nous vous devrons tout... nous vous devrons notre existence et celle de nos pauvres familles !

— Eh bien! et moi, ingrats coquins? disait le père Lapanse d'un ton goguenard en redressant sa taille voûtée, me comptez-vous donc pour zéro? Voyons, qui a fait sauter cette chaussée de malheur? Serait-ce le Grand-Turc, par hasard?

— Vous, père Lapanse, répondit Mathurin, vous êtes un des nôtres, vous êtes notre égal ; mais ce bon jeune noble ne s'est donné tant de peine, ne s'est tant compromis que par pitié pour nous... Aussi nous répéterons son nom dans nos prières ; ce nom, nous l'apprendrons à nos enfants pour qu'ils se souviennent de notre protecteur.

Alfred recevait ces remerciements avec une impatience à peine dissimulée. Indifférent à ces témoignages de reconnaissance, il se disait tristement à lui-même :

— Thérèse pourra-t-elle me pardonner le mal que j'ai fait à son père?

Les paysans, dans l'enivrement du succès, ne croyaient pas qu'aucun danger fût désormais à craindre ; tout à coup ils entendirent derrière eux le trot mesuré d'une troupe de cavaliers s'avançant à travers les arbres. Au même instant, quelqu'un s'écria d'un ton d'effroi :

— Les soldats!... sauvons-nous!... voici les soldats qui arrivent de la ville !

Le désordre se mit aussitôt dans cette foule timide ; ce mot redouté : les *soldats!* avait frappé de terreur de simples cultivateurs, habitués à trembler devant la force publique. Ils couraient çà et là dans l'ombre, criant; s'appelant les uns les autres ; mais comment fuir? devant eux étaient l'étang, la chaussée rompue, le vallon inondé ; derrière eux, la cavalerie approchait rapidement.

— Du calme, mes amis, du calme! s'écria

le comte Alfred d'une voix ferme; le moment est venu de vous souvenir de vos promesses! Ne cherchez pas à opposer de résistance à la force publique, n'élevez pas la voix soit pour insulter, soit même pour vous plaindre! Laissez-moi répondre et agir en votre nom... En récompense des services que j'ai pu vous rendre, je vous prie, je vous ordonne de me laisser le soin de vous représenter!

Les pauvres gens se rangèrent respectueusement derrière lui en l'assurant de leur obéissance. Au même instant, les cavaliers débouchèrent du chemin creux; à la clarté de la lune, on apperçut un fort piquet de dragons, assisté d'une brigade entière de gendarmerie.

La vue de l'uniforme, de ces casques et

de ces sabres aux reflets sinistres, produisit une vive impression sur la plupart des assistants. Comme ils restaient muets et tremblants, un cavalier vêtu en bourgeois, qui précédait la troupe et lui servait de guide, s'écria d'un ton d'indignation :

— Nous arrivons trop tard !... Voyez-vous les méfaits de ces échappés de potence ?... Ils ont crevé la chaussée, tout est détruit, tout est perdu, je suis ruiné ! Quel malheur que vous vous soyez égarés dans ces chemins perdus ! Vous eussiez pu vous trouver ici à temps pour empêcher ces horreurs !

Une voix brusque, sans doute celle d'un officier, répondit quelques mots, mais on ne l'entendit pas distinctement.

— Et ils se sont enfuis ! continua le premier interlocuteur, trompé par le silence et l'obscurité qui régnaient autour de lui, après avoir tout saccagé, tout renversé, ils se sont retirés chez eux, et il faudra les arrêter à domicile... Mais qu'aperçois-je là? continua-t-il, en examinant la masse noire et compacte des paysans; Dieu me pardonne! ce sont nos pillards de nuit! En avant! lieutenant; ne les épargnez pas! lancez vos chevaux au galop! sabrez-moi cette canaille!...

A la voix, aussi bien qu'à la douceur des sentiments, la foule avait reconnu le donneur d'avis : c'était l'Anglais Smithson.

— Halte! commanda l'officier.

La troupe, après s'être déployée de manière à couvrir le chemin, s'arrêta avec un cliquetis de sabres et de carabines.

— Encore une fois, que personne ne

bouge! que personne ne dise un mot! répéta le comte avec vivacité.

En même temps il se dirigea d'un pas ferme vers les cavaliers. A peine se fut-il montré dans un endroit découvert, que Smithson le reconnut à la clarté de la lune.

— C'est le comte de Précigny! s'écria-t-il avec rage, c'est le chef de cette canaille, c'est l'auteur de ces désastres... A moi, Messieurs, arrêtez-le, je vous le dénonce; mettez-lui la main au collet; je vous dis que c'est le comte de Précigny lui-même!

Il poussa son cheval pour joindre l'exemple au précepte, et il voulut s'emparer d'Alfred; celui-ci se tint sur la défensive et brandit le pic de fer qu'il avait encore à la main.

— Ne me touchez pas, monsieur, dit-il avec un accent impérieux; ne m'approchez pas. ou vous pourriez vous en repentir... Vous n'avez pas qualité pour me demander compte de mes actes... S'il y a un magistrat ici, que l'on me conduise à lui sur-le-champ.

Smithson grommela quelques imprécations en anglais : mais il resta immobile. Alors un homme, vêtu de noir, qui venait de mettre pied à terre, sortit des rangs et s'approcha du comte :

— Monsieur, dit-il d'une voix grave, je suis le magistrat délégué pour connaître de cette triste affaire de Précigny... j'espère que vous ne ferez pas de résistance !

— Ce n'est pas mon intention, monsieur, répliqua Alfred en s'inclinant avec politesse; je m'attendais à ce qui arrive et je suis prêt à subir les conséquences de ma conduite.... On vous a dit mon nom et mon titre, et vous savez que l'on m'accuse d'être le provocateur de cette insurrection. Le fait est exact, je ne le nie pas; cet outil que vous voyez entre mes mains m'a servi à opérer la destruction de la chaussée; vous pouvez donc me considérer comme surpris en flagrant délit, et cette circonstance devra trouver place dans le procès-verbal de mon arrestation; car vous êtes sans doute porteur d'un mandat d'amener lancé contre moi !

XXIV

Le magistrat jeta sur lui un regard où la curiosité se joignait à un intérêt sincère. Les nobles efforts du comte en faveur de la malheureuse population de Précigny, étaient bien connus, et son désintéressement lui avait concilié la sympathie universelle. On se fera donc aisément une idée de l'émotion pénible du fonctionnaire, homme jeune encore et accessible aux sentiments élevés, en entendant Alfred s'accuser lui-même avec tant de courage.

— Il est vrai, monsieur, dit-il d'une voix altérée; je suis porteur d'un mandat lancé contre vous... et malheureusement, après avoir vu de mes yeux votre œuvre de cette nuit, toute indulgence m'est interdite; je suis forcé de m'assurer de votre personne...

— Je vous suivrai sans difficulté, monsieur; mais du moins puis-je espérer que cet ordre d'arrestation me concerne seul, et que ces bonnes gens seront libres de se retirer?

— Vous êtes seul désigné nominativement ; mais les autres principaux chefs ou fauteurs du désordre...

— Ils sont tous coupables au même degré ! s'écria Alfred avec véhémence; ou plutôt une seule personne est ici coupable, c'est moi... Oui, monsieur, je l'avoue hautement, j'ai poussé à la révolte les habitants du village de Précigny et des communes voisines; j'ai conçu le plan de ces déprédations exercées sur la propriété de M. Laurent, et je viens de coopérer moi-même à son exécution. Ces simples paysans n'eussent rien osé entreprendre sans mes encouragements, et, si je puis m'exprimer ainsi, ils n'ont agi que par mes ordres... Je vous supplie donc, monsieur, de permettre qu'ils se retirent sans être inquiétés ; seul, je dois rester entre vos mains pour porter la responsabilité des faits accomplis.

Le magistrat consulta l'officier de gendarmerie et l'autre officier. Après quelques minutes de conversation, il reprit à haute voix :

— Nous désirons concilier notre devoir avec la pitié qu'inspire la situation particulière des habitants de Précigny... L'instruction fera connaître les coupables... En attendant, les personnes ici présentes sont sommées de se disperser sans retard.

— Merci, monsieur, merci ! murmura le comte avec reconnaissance.

Puis se tournant vers les paysans :

— Vous l'entendez, mes amis ? reprit-il d'un ton gai, vous pouvez retourner chez vous... Grâce à l'indulgence de ce digne magistrat, je répondrai seul devant la justice de l'acte malheureux auquel nous nous sommes laissés entraîner par la nécessité ! Retirez-vous donc... Vos enfants, vos familles ont besoin de vous : moi je n'ai pas de famille pour me regretter, je puis me dévouer tout entier à notre sainte cause ; en prison comme à Paris, comme ici au milieu de vous, je ne la trahirai pas ! Pour vous, ne commettez désormais aucune violence ni contre M. Laurent, ni contre personne; attendez avec patience le résultat de mon arrestation ; peut-être ce résultat ne vous sera-t-il pas défavorable.

Sur un signe du magistrat, les cavaliers s'étaient écartés et avaient laissé libre le chemin du village. Les plus timides, parmi les insurgés, s'empressèrent de prendre la fuite, malgré les protestations de Smithson qui eût voulu voir arrêter en masse la population de Précigny. Mais les autres, et c'était la majorité, ne firent pas un mouvement pour suivre cet exemple. Quand Alfred se tut, un morne silence régna dans la foule.

— Cré mille tonnerres! s'écria enfin le vieux Lapanse, laisserons-nous emmener comme ça notre général, sans plus souffler que des buses?

— Oui, oui, défendons-le! dirent plusieurs voix énergiques; nous lui devons tout. il est notre chef, notre camarade, nous serions des lâches de ne pas le défendre!

Et des bras robustes agitaient déjà les outils de fer dont ils étaient armés.

— Garde à vous! commanda un officier.

Les soldats se rangèrent aussitôt en bataille.

A la vue de ces dispositions menaçantes, Alfred s'élança vers les insurgés :

— Mes amis, dit-il avec un accent suppliant et en joignant les mains, oubliez-vous déjà vos engagements solennels ? Est-ce ainsi que vous tenez compte de mes ordres ?... Cette arrestation n'a rien qui doive m'étonner, je l'ai prévue, je la désirais; elle sera peut-être un de nos moyens de salut ! Laissez donc la loi avoir paisiblement son cours, je vous en conjure, au nom de mes services passés, au nom de mon affection pour vous !

On entendit quelques sanglots dans la foule, mais rien de plus. Un sourire de satisfaction effleura les lèvres d'Alfred.

— Allons, Monsieur, reprit-il en se tournant vers le magistrat qui avait donné une grande attention à cette scène, vous devez être fatigué de votre voyage... je n'abuserai pas de vos instants; me voici prêt à vous suivre.

Le fonctionnaire lui serra la main furtivement.

— Monsieur le comte, murmnra-t-il en essuyant une larme, le devoir est parfois bien pénible à remplir!

Pendant qu'on procédait à une arrestation régulière, Lapanse se détacha d'un groupe de paysans et s'avança résolument vers le magistrat :

— Un moment! s'écria-t-il de son ton goguenard, si l'on ne doit pas résister à la consigne, il y a une autre manière de se montrer... Mon chef de file va à la salle de police, j'y veux aller aussi... Je suis le père Lapanse, ex-sapeur de la garde; c'est moi *que* j'ai fait sauter la mine pour crever la chaussée... en voilà de l'ouvrage! ainsi donc quatre hommes et un caporal! et en avant pour la prison!

— Quoi! vous demandez à être arrêté?

— Je m'en flatte, dit le galant sapeur, je ne peux me faire empoigner en meilleure compagnie.

— Eh bien! puisque c'est comme cela, s'écria un nouveau personnage en s'approchant à son tour, je veux accompagner M. de Précigny et le père Lapanse... Monsieur le juge, je m'appelle Mathurin Leloup; c'est moi qui suis allé dans les villages environnants prêcher la révolte contre ce coquin de Laurent...

— Mais c'est de la folie, cela? s'écria Précigny avec anxiété; ils vont tous vouloir partager ma captivité...

— Il n'y a pas de danger, monsieur le comte, murmura Mathurin, excepté Lapanse et moi vous n'aurez pas d'autres compagnons volontaires; si Nicolas était là, je ne dis pas, mais le cher homme ne compte plus. Quant à ces pauvres diables là-bas, ils sont nécessaires à leurs familles.

En effet, les paysans étaient consternés; mais aucun ne semblait disposé à imiter le dévouement de Lapanse et de Mathurin.

— Monsieur le magistrat, reprit Alfred avec l'accent de la prière, sans doute vous ne prendrez pas au sérieux les aveux passionnés de ces hommes... Je vous conjure de réfléchir...

— Il m'est impossible de déférer à votre demande, interrompit l'officier de justice en soupirant; je serais blâmable si j'hésitais à retenir ces hommes qui viennent se vanter ainsi d'avoir pris part au désordre... Ils ont voulu me forcer la main; leur volonté sera accomplie!

Il fit un geste; des soldats mirent pied à terre pour s'emparer des nouveaux prisonniers.

Pendant ce temps, Smithson se frottait les mains et donnait les signes d'une joie immodérée.

— A merveille! goddam, à merveille! s'écria-t-il en ricanant; nous tenons les trois plus méchants... On aurait pu faire mieux, mais n'importe? M. Laurent sera content!... Je vous recommande vos prisonniers, Monsieur le *constable* ; menez-les bon train, attachez-les à la queue de vos chevaux...

Mais personne ne l'écoutait. Le fonctionnaire à qui il donnait le titre de *constable* causait à voix basse avec les officiers qui l'assistaient. Alfred regardait toujours la petite lumière de la manufacture; peut-être dans son cœur adressait-il à Thérèse quelque touchante prière.

— M. de Précigny et vous, mes braves gens, reprit enfin le magistrat en se tournant vers les prisonniers, il est temps de partir... il nous faut atteindre promptement le bourg de X***, où nous ferons rafraîchir nos chevaux et nous passerons le reste de la nuit... Dites adieu à vos amis! Peut-être ne les quittez-vous pas pour longtemps.

Et il ordonna aux cavaliers de laisser approcher les paysans qu'on avait jusque-là tenus à distance.

Alors éclatèrent les sanglots et les lamentations; les habitants de la commune, touchés jusqu'au fond de l'âme du dévouement de leurs chefs, les entouraient en désordre et leur donnaient les témoignages de la plus vive reconnaissance. On leur serrait la main, on leur adressait en pleurant les plus affectueuses paroles. Alfred surtout excitait des transports d'admiration et de tendresse; chacun des assistants semblait perdre en lui un frère, un fils, un père bien-aimé, une mère appelait sur lui avec toute l'éloquence maternelle les bénédictions du ciel. Le comte ne pouvait retenir ses larmes.

Cette scène attendrissante avait ému les soldats eux-mêmes ; on eût pu lire sur leurs mâles figures la répugnance que leur inspirait leur besogne actuelle. Smithson seul s'abandonnait en liberté à sa joie brutale et insultante.

— Emmenez-moi tout ça, monsieur le constable! s'écria-t-il, je suis obligé de retourner à la fabrique. Mais M. Laurent apprendra comment vous remplissez votre devoir... Ne vous laissez pas attendrir, pas de pitié pour les coquins! Je vous recommande particulièrement ce comte de Précigny, c'est un insolent qui a osé se porter à des violences indignes contre moi, un Anglais, un gentleman! Mais, maintenant, je suis bien vengé ; il sait que c'est moi qui le fais aller en prison... Eh ! eh ! eh ! goddam ! œil pour œil, dent pour dent, comme Conan disait au diable !

Le magistrat se détourna avec dégoût de cet homme haineux qui osait insulter au malheur; cependant, il insista de nouveau pour partir.

— Nous voici, Monsieur, répliqua Alfred de Précigny en s'arrachant des bras qui l'étreignaient; allons, adieu, mes amis... adieu encore une fois... Patience et courage ! de meilleurs jours viendront pour nous !

— Adieu ! adieu ! répétèrent cent voix avec un accent déchirant.

Les soldats s'emparèrent des prisonniers; les paysans reculèrent lentement et comme à regret pour ne pas être écrasés dans l'obscurité par la cavalerie. Au moment où l'officier allait commander : *marche,* on entendit un bruit de chevaux dans le chemin du village, derrière les soldats.

— Arrêtez, disait-on d'une voix haletante; pas si vite, messieurs! j'apporte des nouvelles qui changeront probablement la face des choses !

Au même instant deux voyageurs, enveloppés de manteaux, percèrent les rangs et entrèrent dans le cercle où se trouvaient les prisonniers. L'un d'eux s'empressa de mettre pied à terre et s'avança vers le magistrat d'un air de familiarité respectueuse ; c'était Rigobert.

— Pardon, monsieur D***, reprit-il en saluant Alfred d'un signe amical; mais si aujourd'hui, au lieu de suivre le droit chemin pour venir à Précigny, vous ne vous étiez pas égaré avec votre détachement dans des chemins de traverse, je vous eusse épargné, à vous et à ces messieurs, une rude tâche; j'ai quitté la ville peu d'instants après vous et j'ai perdu beaucoup de temps à vous chercher... Enfin, me voici, et rien n'est perdu, je l'espère. Je vous prie donc de vouloir bien relâcher M. le comte de Précigny ici présent, et toute autre personne que vous eussiez pu arrêter, à titre de complice du soi-disant crime à lui imputé.

Le magistrat le regarda avec étonnement :

— Maître Rigobert, répliqua-t-il d'un ton sévère, vous êtes un homme trop grave pour vouloir entraver l'action de la justice par une prétention ridicule... Je vous en avertis, si vous avez l'intention d'élever des difficultés au sujet de quelque formalité omise, le mandat d'amener décerné contre le comte de Précigny est parfaitement en règle, et...

— Et moi, interrompit Alfred avec chaleur, tout en remerciant mon ancien hôte de son intervention bienveillante, je prétends ne m'autoriser d'aucune futilité de forme et de chicane pour revendiquer ma liberté...

— Hem! hem! monsieur le comte, reprit Rigobert en ricannant, vous en voulez toujours furieusement à la chicane... J'avoue que ce n'est pas un moyen de gentilhomme, cependant, peut-être, avant peu, ferai-je votre paix avec elle. Vous allez voir! la chicane a du bon...

— Enfin, maître Rigobert, êtes-vous porteur d'un contre-ordre?

— Pas tout-à-fait, Monsieur D***, mais de pièces équivalentes. Le comte de Précigny et ses soi-disant complices, sont arrêtés, n'est-il pas vrai, pour s'être réunis dans le but de détruire la chaussée de l'étang de Précigny, appartenant à M. Laurent et pour avoir réalisé ce projet?

— Sans doute... c'est là le motif de l'arrestation.

— Eh bien! si je prouve que depuis hier M. le comte Alfred de Précigny est légalement propriétaire de tout l'espace de terrain recouvert par l'étang, et même peut-être d'une partie du sol sur lequel est bâtie la manufacture; dans ce cas ne reconnaîtriez-vous pas vous-même que M. de Précigny était parfaitement en droit de réunir les gens du voisinage pour débarrasser sa propriété des constructions qui l'obstruaient !

— Mais c'est impossible, cela !

— J'ai les pièces sur moi, dit Rigobert en fouillant dans ses poches... voici d'abord les procès-verbaux dressés par les arpenteurs pendant la Révolution ; ils prouvent que les biens non vendus de la famille de Précigny s'étendaient à trente toises au-delà du cours d'eau qui a donné naissance à l'étang... Voici de plus l'acte de la vente faite par l'État en 1793, à M. Laurent ; il précise encore davantage les limites de chaque propriété... Enfin, voici les assignations et les mises en demeure signifiées à M. Laurent, et l'acte de l'envoi en possession signé par le président du tribunal.

Et il présentait une liasse de pièces au fonctionnaire.

— Une lumière ! s'écria M. D***; ceci me paraît sérieux, qui me procurera une lumière ?

— Présent à l'appel, dit le vieux Lapanse ; on trouvera dans mes effets une bougie de résine et ce qu'il faut pour l'allumer.

Un manteau de soldat fut étendu sur quelques branchages, de manière à former une tente grossière ; ou alluma la bougie et le magistrat se mit à examiner avec attention les papiers apportés par Rigobert.

XXV

Les assistants ne revenaient pas de leur surprise. Attentifs et muets, ils formaient un grand cercle autour des personnages principaux, attendant en silence le résultat de cet événement presque merveilleux.

Alfred, comme les autres, semblait frappé d'étonnement, les idées les plus confuses se heurtaient dans son cerveau. Enfin, il prit Rigobert par le bras et l'entraîna un peu à l'écart.

— Au nom du ciel, monsieur, dit-il, d'une voix étouffée, ayez pitié de moi et donnez-moi l'explication de ces prodiges! Je crois rêver... serait-il possible, en effet, que je fusse propriétaire sans m'en douter, de ce terrain maudit, devenu un foyer de peste pour toute une population.

— Rien n'est plus vrai, répliqua Rigobert en souriant; les preuves sont là et elles sont décisives, sauf l'appel de M. Laurent devant une juridiction supérieure... Or, si j'en crois certains rapports, il ne reviendra pas de sitôt sur le passé.

— Mais, enfin, comment ces pièces importantes se trouvent-elles entre vos mains ?...

Il s'arrêta tout à coup ; un faible rayon de lumière venait de tomber sur l'homme de loi qui, pour se garantir de la fraîcheur du soir, avait soigneusement recouvert sa tête d'un bonnet de soie noire, par dessous son chapeau.

— Je vous ai déjà vu, continua le comte en tressaillant, vous étiez déguisé, vous...

— Ah ! vous vous souvenez encore de ce vieux sournois nazillard? dit Rigobert avec une gaieté forcée; c'est un coquin à qui je vous prie de pardonner en ma considération... J'ai eu quelque peine à lui arracher votre dossier, savez-vous? Ce dossier valait vingt bons mille francs, payables à la caisse de M. Laurent ; c'était dur à lâcher !... Enfin, il s'y est décidé. Vous aviez été si généreux envers moi ! sans me connaître, avec la certitude même que j'étais votre ennemi, vous m'aviez soutenu quand j'étais blessé, vous m'aviez installé dans votre chambre, dans votre lit, pendant que vous, vous passiez les nuits sur une chaise !... Tout cela a profondément touché le vieux chicanneur, le grippe-sou, le procureur hargneux ; il a senti dans son cœur ossifié et racorni, une fibre, une seule qui vibrait encore !... Par exemple, le diable m'emporte s'il se doutait lui-même qu'à son âge, il fût capable de pareilles bêtises ? C'était vrai, pourtant... il n'a pas voulu être ingrat envers un franc et loyal jeune homme, qui lui avait témoigné tant d'intérêt et de pitié...

Ces dernières paroles furent prononcées avec une émotion que Rigobert ne semblait pas susceptible d'éprouver, il reprit d'un ton léger :

D'ailleurs, monsieur le comte, vous aviez médit en ma présence de la chicane, une vieille connaissance à moi, et je n'étais pas fâché de vous montrer à quoi la chicane pouvait servir... Cette pensée, Dieu me le pardonne! a autant contribué que la reconnaissance à me mettre en campagne. Je tenais à vaincre vos préjugés de gentilhomme, contre une puissance dont vous parliez avec beaucoup trop de dédain !

— Quels qu'aient été vos motifs, monsieur, je vous remercie sincèrement du service que vous venez de me rendre... Mais pourquoi ne m'avoir pas prévenu plus tôt de l'existence de ces pièces ? elles m'eussent épargné bien des combats, des démarches pénibles...

— M'en avez-vous laissé le temps? Ne vous emportiez-vous pas à chaque allusion détournée comme si vous eussiez voulu m'étrangler? ensuite, voyez-vous, ce vieux ladre de procureur dont nous parlions tout à l'heure, craignait de compromettre ses dix, ses vingt mille francs... Ça ne se trouve pas dans les chemins comme les cailloux ! il était prudent, et si vous eussiez essayé de jouer au fin avec lui, il se fût trouvé trop fin pour vous.

— Il suffit, monsieur; je commence à voir clair dans cette affaire... un seul point me semble encore incompréhensible. Comment avez-vous pu, sans ma signature et à mon insu, accomplir en si peu de temps les formalités nécessaires pour établir mes droits ?

— Voila où est le mérite de l'homme expérimenté dans la procédure, jeune homme! répliqua Rigobert d'un ton doctoral ; voilà le secret de cette chicane tant méprisée de vous ? Vous dire quels moyens j'ai employés serait difficile ; sachez seulement que, depuis mon départ de la ferme, je n'ai dormi ni la nuit, ni le jour... j'ai accompli, sans me vanter, des miracles d'habileté!... Quant à votre signature, il m'a été facile d'y suppléer. En partant pour Paris, vous aviez envoyé autrefois au notaire Durand une procuration en blanc, afin qu'il pût hypothéquer votre ferme de la Pommeraie, et vous procurer l'argent dont vous auriez besoin ; Durand est mon ami, je lui ai conté la chose, et il a signé en votre nom tout ce que j'ai voulu... Mais j'ai appris par la même occasion, continua-t-il en baissant encore la voix, que cette guerre impitoyable contre Laurent vous avait coûté cher ; vos biens sont grevés d'hypothèques, jeune homme, et nous aurons du mal à rétablir l'équilibre dans vos finances !

— Eh bien ! répliqua le comte avec tristesse, peu m'importe la fortune maintenant ! ma tâche est finie, ma vie ne sera pas longue, je l'espère !

Rigobert le regarda d'un air effaré ; en ce moment le magistrat se leva et s'avança vers eux.

— Messieurs, leur dit-il, les pièces sont parfaitement en règle. M. Laurent n'ayant mis aucune opposition au jugement par défaut, ce jugement était exécutoire immédiatement. Aussi M. de Précigny était parfaitement dans son droit en opérant, ou en faisant opérer sur ses terres les changements qu'il jugeait convenables ! La justice n'a donc rien à voir ici... Vous êtes libre, monsieur le comte, vous êtes libre, mes braves gens ; et cette solution, croyez-le bien, me réjouit plus que personne !

Nous renonçons à peindre la scène qui suivit : nous savons quel était le désespoir des habitants de Précigny, en voyant Alfred et ses deux compagnons près d'être traînés en prison sous le poids d'une grave accusation ; on aura aisément une idée de leur joie à ce coup du sort inattendu. C'étaient des transports aussi bruyants, aussi désordonnés que l'affliction avait été vive et profonde auparavant.

Au milieu de cet enthousiasme universel, Smithson attira sur lui l'attention par ses cris de colère et de menace. Le contremaître anglais, encore peu familier avec certaines expressions de notre langue, n'avait pas compris bien nettement d'abord ce que signifiait l'arrivée de Rigobert, les papiers dont l'homme de loi était porteur, les pourparlers qui avaient eu lieu en sa présence. Cependant, à force d'écouter, il avait enfin soupçonné la vérité. Quand les soldats relâchèrent les prisonniers, il devint furieux :

— C'est une infamie! s'écria-t-il dans son jargon, que la rage rendait presque inintelligible, ce sont d'abominables mensonges.....

Je proteste au nom de M. Laurent contre la mise en liberté de ces pillards! Vos lois de France sont stupides; M. Laurent n'a rien su de ces exécrables manœuvres..... Je proteste, goddam! je proteste, de par tous les diables!

Le magistrat parut réfléchir.

— Vous l'entendez, maître Rigobert? demanda-t-il; on affirme que M. Laurent, maire de la commune, et votre partie adverse, n'a pas eu connaissance de cette procédure? Aurait-on, en effet, omis les significations? Ceci changerait singulièrement la thèse!

— Les significations ont été faites, monsieur, répondit le cavalier qui accompagnait Rigobert, et qui jusqu'à ce moment n'avait pas prononcé une parole; et la preuve, c'est que je les ai faites moi-même, moi Ignace-Guillaume Galuchet, huissier-audiencier; je me suis rendu au domicile de M. Laurent, et j'ai parlé à une personne de sa maison, se disant chargée de le représenter, laquelle personne est le monsieur anglais ici présent, comme il pourrait l'attester.

Smithson se troubla.

— Il est vrai, répliqua-t-il, j'ai reçu des mains de cet homme un papier couvert de grimoire et de pattes-de-mouches que je n'ai pu déchiffrer.... je l'ai mis de côté pour le montrer à M. Laurent, si jamais...

— De quoi vous plaignez-vous donc? Les formalités voulues par la loi ont été remplies, et M. Laurent ne peut arguer de son ignorance.

Le contre-maître s'exaltait davantage à

mesure que les obstacles se multipliaient devant lui.

— Mais M. Laurent n'a pu rien savoir! s'écria-t-il hors de lui; s'il faut dire la vérité, depuis huit jours M. Laurent est incapable de s'occuper d'affaires, il est malade; il a une horrible fièvre accompagnée de délire... Aujourd'hui encore, le docteur Merville désespérait de le sauver !

Il se fit un mouvement général parmi les assistants.

— Lui! malade? lui atteint de la fièvre? Cela n'est pas possible! dit un habitant de Précigny; nous eussions connu plus tôt cette importante nouvelle.

—Mais il nous a expressément défendu de la propager au dehors, répliqua Smithson, excité par la contradiction; il savait bien quelle joie elle vous causerait à tous! D'ailleurs, il ne veut pas convenir qu'il est atteint de cette maladie dont il a si longtemps nié l'existence !..... C'est là son idée fixe au milieu de ses plus grandes souffrances... Miss Thérèse nous a commandé de respecter même les faiblesses de son père, nous avons obéi, et si vous ne m'y aviez forcé, je n'aurais eu garde de rien dire...

A la suite de cette déclaration, une vive fermentation se manifesta dans la foule. Les uns se réjouissaient ouvertement du malheur de leur ennemi ; d'autres, effrayés de cette vengeance céleste qui semblait s'appesantir sur lui, se sentaient déjà disposés à le plaindre. Quant à Alfred, cette nouvelle l'avait plongé dans une sombre consternation.

— Qu'ai-je fait? murmurait-il en jetant

un regard douloureux vers la fabrique ; j'ai manqué à une promesse sacrée, je n'ai pas su attendre?.. je suis venu attaquer cet homme quand il était incapable de se défendre! je suis venu la troubler, *elle*, auprès du lit de douleur de son père! Comme elle doit me trouver lâche! comme elle doit me haïr! Cependant cette révélation, si intéressante pour tous les autres assistants, n'avait pu faire perdre de vue au magistrat le but de la discussion. Il examinait Smithson d'un air sévère :

— En dépit de vos allégations, monsieur, reprit-il gravement, le maire de Précigny aurait pu aisément signer un acte d'opposition contre les prétentions de M. Rigobert ; il a bien eu la force de signer le rapport qui a été adressé au chef-lieu, à M. le procureur du roi, rapport en vertu duquel j'ai été envoyé ici avec un corps de troupes afin de maintenir le bon ordre ! M. Laurent était donc parfaitement en état de s'occuper d'affaires malgré sa maladie !

Il y avait un piège dans ces paroles; Smithson, aveuglé par la colère, s'y laissa prendre.

— Mais ce n'est pas lui qui a écrit le rapport! ce n'est pas lui qui l'a signé!... c'est moi !

— Vous? demanda M. D*** en fronçant le sourcil ; et de quel droit?

L'Anglais sentit enfin quel parti l'on pouvait tirer contre lui de cet aveu inconsidéré.

— Mais balbutia-t-il, je pensais... je croyais... Je suis chargé de la signature commerciale...

— Oui, mais vous n'aviez pas qualité pour vous immiscer dans des fonctions publiques, pour apposer une signature au bas d'une pièce émanant de l'autorité civile... Vous vous êtes rendu coupable d'un faux de l'espèce la plus grave.

— Sur ma foi, messieurs, je soupçonnais quelque chose de pareil, s'écria Rigobert qui n'avait pas perdu un mot de cette conversation ; Laurent, même en bonne santé, se fût bien gardé d'appeler à son aide la force publique ; c'eût été servir les projets de ses adversaires..... J'en suis convaincu, ce M. Smitshon, emporté par sa haine contre les habitants de la commune et contre M. de Précigny en particulier, a désobéi aux ordres formels de son maître, en réclamant l'intervention de l'autorité.

— Je m'explique maintenant, reprit le magistrat indigné, l'acharnement de cet homme contre les prisonniers, je m'explique pourquoi il est accouru au-devant de nous avec tant d'empressement, quand nous étions égarés dans des chemins de traverse ; il s'agissait de vengeances personnelles !... Cette haine l'aura mal servi ; mon devoir est tracé, je saurai l'accomplir.... Smithson, je vous arrête au nom du roi... Messieurs de la gendarmerie, emparez-vous de lui !

Avant que le contre-maître eût eu le temps de songer à fuir ou à se défendre, deux gendarmes lui mirent la main au collet. Il se répandait en menaces, en imprécations ; il se réclamait de sa qualité d'Anglais, de « gentleman, » mais on ne l'écoutait pas, et ses furieuses clameurs rendaient ses gardiens encore plus sévères.

Cette arrestation extraordinaire vint distraire la foule de l'émotion causée par la maladie du manufacturier. Les paysans ne pouvaient contenir leur satisfaction en voyant leur persécuteur acharné sous la main de la justice. Ils répondaient à ses protestations par des huées; les griefs de la foule contre lui étaient trop invétérés pour s'effacer si vite.

Le malencontreux Smisthon trouva néanmoins des défenseurs. Au bruit qui se faisait autour de lui, Alfred sortit enfin de ses réflexions; en apprenant de quoi il s'agissait, il prit à part le magistrat, il lui parla avec chaleur, d'un autre côté, maître Rigobert aimait assez à avoir des amis partout, et à tout hasard il n'était pas fâché de pouvoir se se prévaloir, auprès de M. Laurent, d'un service quelconque, si un rapprochement entre eux devenait jamais possible. Il se joignit donc à Alfred pour adresser au magistrat de vives instances. Ils invoquaient en faveur de Smithson sa qualité d'étranger, son ignorance des lois, sa bonne foi apparente; bref, ils finirent par décider le fonctionnaire à relâcher son prisonnier.

— Remerciez les personnes honorables qui se sont interressées à vous, dit-il d'un ton sévère à l'Anglais, pour cette fois tout-à-fait dompté ; vous êtes libre provisoirement... Mais vous aurez à vous présenter devant la justice le jour où l'instruction de cette affaire de faux sera terminée, et vous en rendrez compte selon la loi... En attendant, prenez soin de ne pas appeler sur vous l'attention par de nouvelles fautes, car vous ne trouveriez plus en moi la même indulgence !

En réponse à cette verte semonce, Smithson balbutia quelques mots d'un air fort humble ; puis, se glissant à travers les curieux, il disparut, et on ne le revit plus de la nuit.

Peu d'instants après, les paysans rentraient au village en chantant des chansons joyeuses, en poussant des acclamations en l'honneur de leur jeune chef. A ce bruit, le petit nombre d'habitants restés à Précigny se mettait aux fenêtres; les chaumières s'illuminaient sur le passage du cortège ; les malades eux-mêmes se traînaient sur le seuil des portes pour saluer leurs libérateurs. Des soldats qui suivaient en bon ordre donnaient à cette marche un caractère triomphal.

Au milieu de tous ces gens qui le contemplaient avec une admiration frénétique, qui lui adressaient mille bénédictions, le comte de Précigny s'avançait, triste, abattu, les yeux baissés, et il se disait avec désespoir :

— J'ai manqué à ma promesse... J'ai peut-être porté le coup de mort à *son* père... Pourra-t-elle me pardonner jamais?

XXVI

Le matin qui suivait cette nuit agitée, Alfred de Précigny et le procureur Rigobert se trouvaient réunis dans la principale chambre de la ferme. L'homme de loi avait dormi tranquillement pendant quelques heures, et ce court sommeil avait suffi pour rendre à ses membres toute leur vigueur, à son esprit tonte sa vivacité; mais Alfred ne put goûter un instant de repos. Mille idées confuses s'agitaient dans son cerveau; l'image de Thérèse irritée contre lui était toujours présente à sa pensée et il avait passé le reste de la nuit dans une mortelle anxiété. Son hôte et lui étaient assis en face d'une table sur laquelle était servi un repas simple et substantiel. Rigobert se disposait à retourner à la ville, et, en voyageur prudent, il faisait largement honneur au déjeûner. Alfred, au contraire, ne prenait aucune nourriture; c'était avec peine qu'il s'était décidé à avaler quelques gouttes de vin à la santé de son nouvel ami. Plongé dans une sombre torpeur, il répondait tout de travers aux questions du procureur, qui s'efforçait vainement de le distraire.

— En vérité, monsieur le comte, dit enfin Rigobert en dégustant à petits coups un verre de ratafia de cerises, je ne comprends pas votre tristesse! Tout vous a réussi; vous devriez être au comble de vos vœux, et cependant, je ne vous ai jamais vu si morne et si abattu... N'avez-vous pas rigoureusement tenu vos engagements envers ces pauvres paysans? L'étang de Précigny n'est-il pas détruit, et sans doute pour toujours? Que vous en a-t-il coûté? Rien, ou peu de chose. Vous vous attendiez à aller en prison, à passer en jugement, à subir une peine afflictive, et à ce prix, vous ne croyiez pas acheter trop cher les avantages dont vous jouissez gratuitement... Vos ennemis sont abattus et humiliés ; tous les gens du pays vous adorent, la France entière va admirer votre belle conduite ; enfin vous allez probablement rentrer dans la propriété d'un vaste terrain qui triple votre fortune... Sur ma foi, je ne vois pas que vous ayez beaucoup à vous plaindre de la destinée, pour le moment du moins !

Et il vida son verre d'un trait.

— Il est vrai, répliqua le comte en se soulevant avec effort. Vous ne savez pas, vous ne pouvez pas savoir ce que m'ont coûté les avantages dont vous parlez !

— Et à moi donc? s'écria brusquement Rigobert, ils me coûtent vingt bons mille francs aussi sûrement... Mais ne parlons pas de moi. Avouez une chose, mon cher Précigny, continua-t-il en se penchant vers

Alfred d'un ton confidentiel, au fond vous n'êtes pas tranquille du côté de Laurent! Vous ne considérez pas l'affaire comme entièrement finie, et vous avez raison.

— En effet, monsieur, je crois..... je pense...

— Oh! si Laurent revient à la santé, sans aucun doute il attaquera toute la procédure dont nous nous sommes étayés assez à propos pour vous tirer des griffes de la justice... Vos droits sur ces terrains ne sont pas des plus clairs, je puis l'avouer entre nous; sans me vanter, si je n'avais pas été chargé de faire valoir vous prétentions ou si seulement Laurent n'avait pas été malade, incapable de se défendre, nous n'eussions pas remporté si lestement la victoire. Aussi devons--nous nous attendre, dès que notre adversaire sera sur pied, à un procès des plus compliqués, je vous le garantis !

— Un procès ! dit Alfred avec égarement, je n'en veux pas avec lui ! J'ai atteint mon but, j'ai dégagé ma promesse envers les anciens protégés de ma famille, je ne suis plus l'ennemi de M. Laurent... J'aimerais mieux lui abandonner ce domaine contesté...

— Oui, et il s'empresserait de rétablir cet infernal étang, la fièvre recommencerait ses ravages, et bientôt les choses se trouveraient dans le même état qu'auparavant !..... Vous n'y pensez pas, jeune homme... Il vous faudra soutenir le procès, le soutenir avec persévérance et enfin le gagner !

Alfred fit un geste de fatigue et d'ennui.

— Oui, oui, je vous entends, répliqua Rigobert se méprenant sur la pensée du comte; pour soutenir un procès contre un gaillard madré comme Laurent, il faut beaucoup d'argent, et votre ferme est déjà fort hypothéquée... Eh bien, ne suis-je pas là, moi! puisque j'ai fourré la main dans vos affaires, un peu malgré moi peut-être, pourquoi ne continuerais-je pas à les diriger! Amour-propre à part, mon cher Précigny, il n'y a dans le pays qu'un chicaneur de force à lutter contre Laurent; c'est moi, je le dis sans forfanterie. Quant aux avances, je m'en chargerai volontiers si nous en venons là.

— Monsieur, je ne voudrais pas vous imposer des sacrifices...

— Des sacrifices! je ne veux pas m'en imposer non plus! Peste! je perds assez dans la bagarre.. Mais écoutez, mon jeune ami, vous êtes si honnête et si franc, qu'il me répugnerait d'agir de ruse avec vous; je vous dirai donc mes arrière-pensées sans hésiter; le diable se montrera à vous avec ses cornes et son pied fourchu... Vous avez des droits sur des propriétés d'une assez grande valeur; si vous recouvrez, par mon secours, ces propriétés, fiez-vous à moi du soin de m'indemniser largement de mes peines et de mes avances... Je suis procureur, c'est tout dire; vous voilà bien et dûment averti... Si au contraire vous étiez évincé, et cela ne sera pas, pourvu que j'emploie certains détours de chicane à moi connus, eh bien! ma foi! j'aurai la satisfaction de pouvoir appeler une personne honorable en témoignage de mon désintéressement, auquel mes ennemis refusent obstinément de croire..

j'aurai fait de la chicane par pur amour pour la chicane... Ayez donc l'esprit en repos ; quand Laurent nous déclarera la guerre, il trouvera à qui parler, je vous le promets.

— J'apprécie vos bonnes intentions, monsieur, dit Alfred avec reconnaissance ; le moment venu, je pourrai accepter vos offres généreuses, à condition que nous nous bornerons à nous défendre.

— C'est bien entendu. Nous attendrons pour agir que Laurent donne lui-même le signal de l'attaque. Allons ! monsieur de Précigny, vous devez être rassuré maintenant... Prenez donc un visage gai et riant comme il convient à votre âge.

— Excusez-moi, monsieur, répliqua le comte d'un air accablé, vous me demandez

un effort qui est au-dessus de mes forces...
Comment sourire quand on a le cœur déchiré !

Rigobert hocha la tête.

— Le cœur, le cœur, grommela-t-il, ça ne vaut rien en affaires... Ça fait faire des sottises.

— Monsieur !

— Je m'étais bien aperçu qu'il y avait un amour en feu, mais dans l'impossibilité de savoir quelle femme pouvait en être l'objet, j'hésitais à croire... Voyons, mon jeune ami, vous souffrez... contez-moi vos chagrins. J'ai bien quelques droits à votre confiance ! Dans vos idées, je le sais, un cancre de procureur serait la dernière personne que vous croiriez devoir consulter sur ces sortes d'affaires ; cependant pourquoi n'essayeriez-vous pas ?

Alfred baissa les yeux sous le regard perçant de Rigobert, comme si ce regard eût pu pénétrer jusqu'à son âme.

— Monsieur, balbutia-t-il, vous vous trompez, je vous assure...

— Je me trompe... vraiment? je croirais plutôt que j'ai touché juste... Enfin, gardez votre secret, jeune homme ; seulement ne commettez pas d'imprudences ! L'amour est un fort mauvais conseiller... Mais laissons cela, car je vous mets au supplice... Aussi bien, il est temps de partir ; je vais retourner à la ville. Souvenez-vous de nos conventions : à la première feuille de papier timbré qui tombera ici, appelez-moi. Cependant, il est probable que ce finassier de Laurent essayera d'abord de vous entraîner à quelque transaction : défiez-vous de lui, il tentera de vous tromper.

Tout en parlant, Rigobert faisait ses préparatifs de départ; au moment où il allait prendre définitivement congé de son hôte, Catherine, la gouvernante, vint annoncer au maître du logis qu'un *Monsieur* arrivait de la fabrique et demandait à lui parler sur-le-champ de la part de M. Laurent.

— De la part de M. Laurent! répéta le comte avec étonnement.

— Qu'est-ce que je disais! s'écria Rigobert triomphant; Laurent envoie déjà un parlementaire pour proposer un traité de paix... seulement l'imprudent ne m'a pas laissé le temps de quitter la ferme; je suis encore là pour vous mettre en garde contre ses rouerie... décidément le pauvre homme baisse ou tout au moins il est fort malade !

— Je recevrai la personne qui vient en son nom, reprit Alfred avec agitation en faisant signe à Catherine d'introduire l'étranger, je ne peux refuser de la recevoir.

— Oui, oui, certainement, dit Rigobert en déposant sur un meuble son manteau et sa valise ; je retarderai mon départ de quelques instants... Voyons donc le messager et écoutons le message !

Comme il parlait encore, Catherine introduisit Smithson.

L'Anglais était en grande toilette, habit bleu à boutons de métal, pantalon noir et gilet de soie. Son visage était très-pâle sous ses cheveux et ses favoris rouges ; derrière ses lunettes d'or, ses yeux fatigués étaient entourés d'un cercle pourpre. Du reste, on voyait dans sa contenance l'intention évidente d'être poli, obséquieux, humble même, par contraste avec sa roideur et son insolence ordinaires.

Alfred et Rigobert ne purent retenir un mouvement de surprise.

— Vous chez moi, monsieur? dit le comte sèchement; voilà un événement auquel j'étais fort loin de m'attendre !

— Certainement, dit Rigobert tout haut en ricanant ; j'accusais à tort ce pauvre Laurent de nous tendre un piége ; il eût choisi un messager plus séduisant !

Smithson n'eût pas l'air d'avoir remarqué ce qu'il y avait de désobligeant pour lui dans ces observations. Il salua fort bas.

— Oui, oui, c'est moi, messieurs, balbutia-t-il avec embarras, je viens vous remercier l'un et l'autre de m'avoir tiré, la nuit dernière, des mains de votre constable.... Vous vous êtes conduits en honorables gentlemen, je l'avoue, et je suis grandement reconnaissant!

— Nous vous eussions volontiers fait grâce de votre reconnaissance et de vos remercîments, monsieur! dit Alfred avec hauteur; mais êtes-vous réellement chargé d'un message pour moi?

— Un message, oui! répliqua l'Anglais dans son jargon avec force grimaces et sourires : mais je suis venu librement, je suis venu pour mon plaisir, afin de remercier *lord* Précigny de ses bons procédés.

— Eh bien! quel est ce message, monsieur?

— Voici : M. Laurent est toujours bien malade; il désire vous voir à l'instant même à la fabrique pour causer de vos affaires particulières. Il vous prie instamment de venir tout de suite, et si vous voulez m'accorder l'honneur de votre compagnie...

Alfred regarda Rigobert.

— Je ne crois à rien de bon apporté par cet Englishman, dit le procureur à demi-voix; je n'aime pas cette transformation subite: le coquin vous a un air sournois... Eh bien! monsieur Smithson, demanda-t-il tout haut, M. Laurent ne va donc pas mieux?

— Son état est fort grave, monsieur, on le dit, du moins... M. Laurent, en apprenant les événements de la nuit dernière, s'est mis fort en colère contre moi et il refuse de me voir; mais le docteur Merville m'a donné de ses nouvelles. Miss Thérèse a eu ce matin une longue conférence avec son père; à la suite de cette conversation, elle cherchait quelqu'un pour vous envoyer chercher : je me suis offert à venir... Elle refusait d'abord ; elle paraissait surprise et embarrassée de mon insistance, mais j'ai fini par lui faire comprendre que je désirais vivement me concilier les bonnes grâces de lord Précigny, et elle n'a pu résister à mes sollicitations...

Rigobert examinait Smithson avec attention.

— Ma foi, dit-il bas au comte, il n'y a peut-être dans tout ceci rien que de très-naturel... Laurent se voyant malade et sentant la chance tourner décidément contre lui, commence à mettre de l'eau dans son vin ; il veut vous amadouer par de bonnes paroles... du moins on peut le supposer à la platitude de ce coquin d'Anglais, si brutal hier encore !

Mais Alfred avait été frappé d'une circonstance dans les explications de Smithson.

— C'est donc mademoiselle Thérèse qui vous a chargé de venir me chercher ? demanda-t-il avec intérêt.

— Oui, oui, c'est elle... certainement.

— Que ne le disiez-vous d'abord ! s'écria le jeune homme impétueusement ; si cela est vrai, soyez le bienvenu chez moi, Monsieur... mais ne vous a-t-elle chargé d'aucune recommandation particulière ? ne vous a-t-elle donné aucun signe...

— Attendez, reprit l'Anglais avec un grand phlegme, elle m'a, en effet, remis un billet pour vous... le voici !

Alfred fit un bond d'impatience et il fut sur le point de se laisser emporter à un nouvel accès de colère contre Smithson, qui, tout occupé de ses projets de réconciliation, avait oublié cette partie importante de sa commission. Il s'empara du papier et rompit le cachet d'une main tremblante.

Le billet contenait seulement ces mots :

« Mon père désire vous voir, il vous attend. Venez, je vous en prie.

« Thérèse. »

Une vive rougeur colora les joues pâles d'Alfred.

— Je vous suis, monsieur, dit-il avec agitation ; je vais me rendre aux ordres de M. Laurent..... Partons, partons de suite..... nous avons perdu un temps précieux.... Que ne m'avez-vous montré plus tôt le billet de Thérèse!... Partons!

En même temps il avait saisi son chapeau et il voulait entraîner Smithson. Celui-ci, le regardait d'un air effaré; Rigobert, non moins surpris, se leva à son tour :

— Un moment, monsieur de Précigny, un moment donc! reprit-il; défiez-vous toujours d'un premier mouvement... Y a-t-il de l'indiscrétion à vous demander ce que contient ce billet?

— C'est elle, c'est Thérèse qui m'appelle! répliqua le comte avec un peu d'égarement; je ne puis différer une minute de me rendre à son invitation... Je vais enfin connaître mon sort.

Un étonnement comique se peignit sur les traits de Rigobert!

— Ah! c'est comme çà! dit-il brusquement; à tous les diables mes conseils! je suis un âne bâté de ne m'être pas aperçu plus tôt de la vérité... Comment, c'est mademoiselle Laurent qui... Pardieu! Je pourrais bien prêcher maintenant, je prêcherais dans le désert... Tout est perdu!

— Je ne prendrai personne pour juge de mes sentiments, répliqua le comte avec dignité, mais sans colère; excusez-moi, M. Rigobert, il m'est impossible de rester ici davantage, recevez mes adieux..... et vous, monsieur, hâtons-nous de nous rendre à la fabrique; je vous en prie, ne me faites pas languir, mon bon monsieur Smithson.

Et dans son trouble, il serrait la main du contre-maître.

Celui-ci, moins perspicace que Rigobert,

attribuait à toute autre cause que la véritable, ces paroles presque affectueuses.

— Je suis heureux de vous voir si bien disposé, mylord, dit-il avec une vive satisfaction; vous revenez enfin de vos préventions contre moi... Eh bien, partons, je suis impatient comme vous.

Ils s'éloignaient déjà; la voix grondeuse de Rigobert les retint sur le seuil.

— Et c'est ainsi que le comte de Précygny me remercie de mes services? reprit-il; il me repousse maintenant comme un instrument inutile?

Alfred revint sur ses pas.

— Pardonnez-moi, monsieur, dit-il avec émotion: je ne suis pas ingrat..., mais vous voulez me parler le langage de la froide raison, quand je ne dois écouter que mon cœur…. Au risque même de ma vie, je me rendrais à l'invitation de Thérèse !

— Soit donc ! reprit l'homme de loi en soupirant ; il faut bien se soumettre à ce que l'on ne peut empêcher !... Allez chez Laurent ; mais du moins faites-moi la promesse de ne rien signer avant de m'avoir consulté.

— Monsieur, je prétends ne pas aliéner ma liberté d'action…

— Eh ! qui vous parle de l'aliéner ? je vous demande seulement de me consulter avant de prendre aucun engagement légal ; vous n'en serez pas moins maître d'agir à votre guise !

— Eh bien ! j'y consens, répliqua le comte impatient de rejoindre Smithson, qui l'attendait à la porte ; mais si vous partez, comment pourrai-je….

— Je ne partirai pas avant votre retour de la fabrique.... je suis curieux de voir comment tout ceci va tourner, et je serai prêt à vous conseiller si vous vous trouvez dans l'embarras.

— Merci... A bientôt donc!

— A bientôt... N'oubliez pas cette promesse, et puis, ajouta le procureur en baissant la voix, défiez-vous de ce chenapan d'Anglais! il médite quelque méchant tour avec son ton doucereux et ses paroles miellées!

Le comte agita la main en signe d'assentiment, et il sortit rapidement en entraînant Smithson.

XXVII

La matinée était pluvieuse, une averse abondante venait d'inonder la campagne. En quittant la ferme, Alfred de Précigny marchait de toute sa vitesse; mais les flaques d'eau qu'il rencontrait à chaque instant le

forcèrent bientôt de ralentir sa course, et
Smithson, qui avait quelque peine à le suivre,
profita de cette circonstance pour le rejoindre. D'ailleurs, la destruction récente de la
chaussée ne permettait pas de prendre le
chemin ordinaire pour se rendre à la fabrique ; malgré son impatience, le comte dût se
laisser guider par son compagnon, qui avait
pu, en venant à la ferme, reconnaître la voie
la plus directe et la plus praticable.

Pendant qu'ils s'avançaient ainsi côte à
côte, et presque à travers champs, le contremaître, désireux d'achever de capter les
bonnes grâces de son ancien ennemi, lui
adressait une foule de compliments et de
politesses. Alfred, absorbé dans ses réflexions
secrètes, répondait seulement par monosyllabes ; cette voix qui bourdonnait sans

cesse à son oreille n'avait pas le pouvoir d'éveiller sérieusement son atttention. Cependant, ces interjections insignifiantes étaient interprêtées par Smithson, dans le sens le plus favorable à ses désirs ; l'Anglais, à mesure qu'il importunait de ses bavardages son compagnon de route, croyait se concilier plus vivement sa sympathie.

Ils arrivèrent ainsi, après avoir fait un détour pour éviter le village de Précigny, à un espace nu et découvert, d'où l'on dominait tous les alentours. La disparition de l'étang avait donné un caractère nouveau au paysage. A la place de cette immense plaine d'eau si imposante et si calme, qui s'étendait à perte de vue, formant là de jolies baies remplies de roseaux, là des presqu'îles et des promontoires, s'enfonçait une vallée boueuse, ravagée, squalide, traversée par un ruisseau maigre et terreux. La chaussée, si majestueuse lorsqu'elle élevait ses eaux à son niveau, présentait l'aspect d'une haute muraille noire, éventrée par le milieu, hérissée de débris. Le vallon, situé derrière, offrait un tableau plus lugubre encore ; ce n'était partout que crevasses, amas d'herbes et de vase déposés par le torrent, matériaux et briques jetés en désordre sur le gazon souillé. Les bâtiments de la manufacture avaient eux-mêmes un air de tristesse et de désolation, au milieu de cet affreux bouleversement. Tout s'était rembruni; tout paraissait abandonné, désert, silencieux. Le ciel, bas et nuageux, en diminuant l'étendue du coup d'œil et en le restreignant aux bornes d'un étroit horizon, ajoutait encore à sa tristesse.

Alfred s'arrêta brusquement ; un douloureux étonnement se peignit sur ses traits, comme si cette scène eût été inattendue pour lui. Il promena longtemps son regard sur ces terribles dévastations et son cœur se serra ; il s'effrayait de son propre ouvrage.

Cependant, cette première impression dura peu. En jettant les yeux sur l'ancien lit de l'étang, le comte aperçut une foule de gens qui travaillaient avec ardeur ; c'étaient les habitants de Précigny et des communes voisines. Craignant une recrudescence de l'épidémie, si le soleil venait à chauffer la vase et le limon abandonnés par les eaux, ils s'occupaient, armés de bêches et de pelles, à déblayer le sol de ces dépots dangereux. Ils les poussaient dans le ruisseau dont le courant devait les emporter au loin, à travers la brèche de la jetée ; la pluie, récemment tombée, semblait rendre la tâche prompte et facile.

Cette circonstance, en témoignant de la prévoyance des pauvres campagnards, rappelait à Alfred les malheurs dont ce fatal étang avait été la cause ; elle donna une nouvelle direction à ses idées.

— L'humanité le voulait, murmura-t-il ; Thérèse seule à le droit de se plaindre !

Il soupira et voulut se remettre en route. Smithson, qui l'observait depuis un moment, lui dit d'un ton léger, en désignant la chaussée à demi démolie :

— Vous contemplez votre ouvrage, mon cher lord ? Goddam ! vous n'y allez pas de main-morte, vous et vos amis ! Eh bien ! voyez.... quoique cette brêche soit bien large, je ne demanderais que deux mois et quelques bons ouvriers anglais pour réparer la chaussée, pour la rendre plus belle, plus solide que jamais.

Il parlait avec assurance : Alfred n'eut pas la pensée de prendre cette assertion pour une forfanterie.

— Et croyez-vous, monsieur, demanda-t-il d'un ton d'intérêt, que M. Laurent aurait, en effet, l'intention de relever ces ruines?

— Je l'ignore, mylord; je n'ai eu aucune explication avec lui à ce sujet. Cependant, à mon avis, vos prétentions nouvelles sur les terrains que recouvrait l'étang, devraient bien lui donner à penser... Ah! si M. Laurent voulait être pour moi ce qu'il était autrefois et m'accorder, la récompense qui m'est due, je me ferais fort de mettre l'usine en activité, sans exciter les réclamations de personne!

— Et quel moyen emploieriez-vous? monsieur, demanda le comte distraitement.

— Ce n'est pas un mystère.... A la chute d'eau, je substituerais une machine à vapeur.

— Mais, ne vous ai-je pas entendu dire en présence de M. Laurent, que l'emploi de cette force motrice élèverait trop haut votre prix de fabrication?

— J'ai étudié la question sous une nouvelle face, répondit Smithson en rougissant un peu, j'ai établi mes calculs plus rigoureusement; d'ailleurs, depuis quelques mois, la science des machines à vapeur a fait de merveilleux progrès... Enfin, je suis parvenu à ce résultat, que le prix du revient de nos produits manufacturés ne monterait pas à plus de quinze pour cent au-dessus du prix actuel ; or comme les bénéfices moyens sont de trente pour cent, il resterait toujours quinze de net au fabricant... on peut encore opérer avec de pareils profits.

— Et c'est le lendemain d'une déplorable catastrophe que vous avez fait cette découverte ? dit Alfred contenant à peine son indignation ; vous l'avouerez, monsieur, le hasard est singulier ! Quelques jours plus tôt, vous eussiez pu empêcher de grands malheurs ?

— Il vaut mieux tard que jamais, répliqua Smithson avec un sourire forcé ; autrefois peut-être M. Laurent n'eût-il pas été disposé comme aujourd'hui à reduire le chiffre de ses bénéfices... Pour moi, si j'étais maître de cette magnifique usine, continua-t-il en s'animant et en jetant un regard avide sur la fabrique, je n'hésiterais pas un instant à m'imposer ces sacrifices..., je couperais court à ces plaintes continuelles, je formerais ici un établissement-modèle, qui répandrait dans tout le pays l'abondance et le bien-être!

— C'est une belle et noble pensée, monsieur, dit Alfred avec gravité; je ne suis pas l'ennemi de l'industrie ; je hais seulement l'égoïsme et la cupidité qui peuvent la déshonorer!... Que M. Laurent, par vos conseils, substitue la vapeur à ce lac empesté, dont nous avons fait justice, et je serai le premier à l'admirer ; j'applaudirai le premier à ses succès !

Ils s'étaient remis en marche. Comme

nous l'avons dit, le passage sur la chaussée était impraticable, il fallait descendre un peu plus bas afin de traverser un pont provisoire jeté sur le ruisseau. Smithson s'empara du bras du comte, familiarité que les difficultés du chemin sur ce sol humide et glissant rendaient excusable. Alfred s'en aperçut à peine; il était retombé dans ses méditations, et il oubliait complètement son compagnon de voyage. L'Anglais, au contraire, poursuivait avec une constante attention un but encore mystérieux.

— Oui, monsieur, continua-t-il d'un ton patelin en reprenant la conversation : si j'étais maître de la fabrique je n'aurais en vue que le bonheur des gens de ce pays... Malheureusement M. Laurent sera incapable de comprendre ces idées de long temps encore, et puis, s'il venait à succomber à cette fièvre maligne, peut-être son successeur ne serait-il pas disposé à les écouter ?

— Croyez-vous donc M. Laurent en danger de mort ?

— Cela ne serait pas impossible ; je ne vous ai pas dit toute la vérité en présence du procureur Rigobert, car le patron met un amour-propre extrême à dissimuler la gravité de son mal... peut-être dans quelque heures M. Laurent n'existera-t-il plus !... Son désespoir en mourant sera de ne pouvoir cacher sa mort comme il a caché sa maladie !

Et l'Anglais, avec une sécheresse de cœur impardonnable envers un bienfaiteur, sourit de sa plaisanterie !

Mais Alfred ne remarqua pas cette gaîté

intempestive ; l'aveu de Smithson lui montrait les évènements sous un jour nouveau ; son imagination ardente lui représentait déjà les conséquences possibles pour Thérèse de la mort du manufacturier. Pendant qu'il s'enfonçait dans un abîme de réflexions souvent incohérentes, le contre-maître ne perdait pas de vue son objet.

— Il serait facile, reprit-il tranquillement, de prévenir les maux qui résulteraient de cette mort pour miss Laurent, pour vous, pour tous les gens du pays, et si vouliez m'aider.

— Que faudrait-il faire ?

— Il faudrait décider miss Thérèse à m'épouser sur-le-champ.

Alfred tressaillit et dégagea son bras par un mouvement rapide. Il était devenu rouge, ses yeux flamboyaient; il fut sur le point de lever la main encore une fois sur le grossier contre-maître. Mais il n'avait déjà plus cette témérité aveugle qui, peu de mois auparavant, l'avait jeté dans de si grands embarras : le premier mouvement passé il se contenta de dire avec ironie :

— Au fait... c'est juste!... n'êtes-vous pas son fiancé, vous? vous!...

Smithson, d'abord déconcerté par ce mouvement brusque, se rassura aussitôt.

— Son fiancé! répliqua-t-il; oui, je le suis, et vous savez dans quelles circonstances j'ai obtenu ce titre... Vous fûtes alors bien coupable envers moi, mylord, et peut-être devriez-vous profiter de cette occasion pour réparer vos torts!

— Que puis-je faire? demanda le comte

avec une sombre impatience ; Quel crédit puis-je avoir auprès de M. Laurent, auprès de sa fille ?

— Votre crédit est plus grand que vous ne pensez ; j'ai souvent remarqué que M. Laurent avait conservé pour vous une sorte de respect ; il ne vous a jamais personnellement attaqué, bien que vous lui ayez fait tout le mal possible. La nuit dernière encore, au milieu même des souffrances de sa maladie, il est entré dans une colère terrible en apprenant que j'avais mandé les constables et les soldats pour vous arrêter vous et vos complices... D'ailleurs, en raison de la trahison de Rigobert, il a grand intérêt à vous ménager, soit pour lui, soit pour sa fille ; j'ai dans l'idée qu'il vous a mandé pour vous proposer un arrangement amiable. Il y a eu ce matin de longs pourparlers entre lui et miss Thérèse ; d'une pièce voisine, j'ai entendu plusieurs fois prononcer votre nom... J'ai senti alors que vous pouviez m'être d'un salutaire appui... Notre réconciliation, mylord, a été sincère des deux parts, je l'espère; aussi je viens vous offrir avec confiance de nous soutenir mutuellement dans nos projets. Je sais le but de vos désirs ; vous ne voulez pas que jamais, et sous aucun prétexte, on puisse rétablir l'étang de Précigny; si je deviens le mari de miss Thérèse, je m'engagerai, de la manière la plus solennelle, à ne le rétablir jamais !

Ce projet de mariage qui témoignait d'une ignorance complète de nos mœurs et de nos idées, inspira plus de pitié encore que d'indignation à Alfred de Précigny.

— Les mariages ne s'improvisent pas ainsi en France, monsieur Smithson !

— En France comme en Angleterre, rien ne doit être impossible avec de l'argent ; et si miss Thérèse tenait à remplir sa parole, je trouverais moyen d'applanir les difficultés......

— Monsieur, murmura le comte d'une voix sourde, oubliez-vous donc que Thérèse elle-même... la mort...

Il ne put achever et baissa la tête pour cacher ses larmes.

— Ah ! vous connaissez cette circonstance ? dit Smithson souriant ; eh bien ! c'est là justement ce qui prouve la nécessité de se hâter... Miss Thérèse est malade, elle est dans un état désespéré, dont toutefois son père n'a aucun soupçon ; si elle venait à mourir aussi, Dieu sait ce qui arriverait de nous et de la fabrique..., Oui, je le répète, ce mariage arrangerait tout, concilierait tout, vos intérêts comme les miens... Faites-en des ouvertures à Laurent dans l'explication que vous allez sans doute avoir avec lui ; il a trop de bon sens pour ne pas comprendre l'avantage de donner, avant sa mort, un protecteur à sa fille, un maître capable à son usine... Ces arrangements pris, lui et Thérèse pourraient s'en aller quand ils le voudraient ; il n'y aurait plus aucun inconvénient ni pour vous, ni pour moi, ni pour le pays !

Rien ne saurait peindre la fureur d'Alfred en entendant développer ces plans égoïstes.

L'Anglais ne semblait pas se douter le moins du monde de l'odieux de ses paroles ;

il s'exprimait avec un cynisme révoltant dans sa naïveté. Précigny, le cœur déchiré à la pensée de perdre Thérèse, n'aurait donc pu écouter davantage, sans éclater, ces ignobles calculs, lorsqu'un incident particulier vint attirer son attention et celle de Smithson.

Ils étaient arrivés à l'extrémité de la vallée, à l'endroit où avait été établi un pont volant sur le ruisseau. Ce pont consistait en quelques planches raboteuses, disposées transversalement sur deux énormes pierres; il était si étroit qu'on était obligé, pour le franchir, de prendre certaines précautions. Or, au moment où Alfred et le contre-maître atteignirent ce lieu, ils aperçurent sur le pont trois ou quatre hommes de mauvaise mine, bizarrement vêtus, et portant chacun un petit paquet au bout d'un bâton de voyage, qui les regardaient, comme s'ils eussent voulu leur disputer le passage. Ces individus étaient des Anglais, renvoyés le matin même de la fabrique, en raison de l'interruption des travaux. Parmi eux se trouvait le farouche Tom, ce teinturier qui s'était montré si violent et si emporté lors de l'émeute de la manufacture.

A la vue de ces gens, Alfred, craignant quelque insulte, commença à regretter de ne pas s'être pourvu d'une arme. Smithson lui-même pâlit ; évidemment, son influence sur ses compatriotes devait être nulle, cette fois, soit pour défendre son compagnon, soit pour se défendre lui-même.

XXVIII

Tom, debout à la tête du pont, redressait sa taille colossale et regardait les survenants d'un air farouche. Smithson se rapprocha encore davantage de Précigny, en apparence pour le protéger, peut-être pour obtenir de lui protection, le cas échéant. Puis affectant un air riant et dégagé, il dit en français à son compatriote.

— Est-ce vous, Tom? et que diable faites-vous là avec ces braves garçons, à barrer le passage aux promeneurs? vous n'avez, je l'espère, aucune mauvaise intention contre mon ami, mylord Précigny ici présent?... La paix est conclue entre nous, et il a hâte de se rendre à la fabrique où il est attendu...

— Votre ami! répliqua Tom avec ironie. Entendez-vous, enfants, ajouta-t-il en se tournant vers ses compagnons, il appelle ce Français son ami?

Les autres sourirent avec mépris.

— Ce n'est pas à mylord Précigny que nous avons affaire! reprit l'orateur d'un ton

sombre ; il est libre d'aller où il voudra...
C'est un honorable gentleman, lui ! il aime
le pauvre, il protége les malheureux, il venge courageusement ses injures, il honore
son pays... Non, c'est vous, Jack Smithson,
de Manchester, c'est vous que nous attendions ici !

Le contre-maître semblait fort mal à
l'aise : la sueur commençait à couler de son
front. Cependant il s'efforça de cacher son
trouble :

— A moi, mes chers garçons ? demanda-t-il ; eh ! que pouviez-vous avoir à me dire ?..
mais je devine ; malgré mes instances vous
vous êtes décidés à quitter la fabrique ; vainement je vous ai prié d'attendre encore deux
ou trois jours, car il peut survenir d'un
moment à l'autre des événements... Enfin

vous partez, et vous avez voulu sans doute me faire vos adieux ?

— Nos adieux... oui, répliqua Tom avec une expression sévère, et décharger en même temps notre conscience... Nous ne sommes plus sous vos ordres; notre langue n'est plus liée. Avant de vous quitter pour toujours, nous avons voulu vous dire ce que nous avions sur le cœur.... Jack Smithson, vous nous avez déshonorés tous, en vous déshonorant vous-même... Vous êtes indigne d'être un enfant de la Grande-Bretagne, parce que vous êtes un lâche!

En recevant cette poignante injure, Smithson devint blême et grinça des dents.

— Tom, dit-il avec un accent irrité, vous n'avez pas le droit de me faire un pareil outrage! ni Williams, ni Davis ne vous ont autorisé!

— Tom a parlé pour nous, s'écrièrent les autres unanimement.

— Mes amis, mes camarades, mes sentiments n'ont pas cessé d'être ceux d'un bon Anglais; quelle est donc la cause de cette colère?.... n'ai-je pas toujours été bienveillant pour vous! ne vous ai-je pas toujours protégé contre les Français?

Tom leva son grand bras pour ordonner le silence.

— Écoutez, Jack Smithson, dit-il avec solennité, nous ne sommes que de pauvres ouvriers, nous n'avons pas, comme vous, les manières et le langage des gentlemen; cependant aucun de nous n'a approuvé votre conduite, lorsque l'on vous a fait une de ces injures qu'un homme de cœur ne saurait supporter sans en tirer vengeance! D'abord vous nous avez laissé espérer que vous obtiendriez une prompte réparation de cette tache imprimée à notre honneur comme au vôtre, et vous nous avez décidé à prendre patience ; vous n'avez pas tenu votre parole ; en ce moment même, vous appelez votre ami celui qui vous a si cruellement offensé…. par intérêt, par ambition, vous acceptez paisiblement la honte… Nous vous déclarons donc que vous ne méritez plus d'être Anglais, ce sera toutefois notre vengeance, et remerciez Dieu qu'elle ne soit pas plus sévère, car nous voulions vous tuer… J'ai connu, j'ai aimé votre père, c'est lui qui vous sauve la vie !....

Smithson avait écouté d'un air altéré cette

âpre harangue, il avait rougi et pâli tour à tour ; cependant il essaya de prendre encore le ton de plaisanterie :

— Sur ma parole, maître Tom, reprit-il vous avez toujours été un peu puritain, et vous eussiez fait un prédicateur fort convenable dans quelque paroisse du comté de Lincoln, n'eût été votre taille assez peu canonique... Mais, voyons, un homme sera-t-il vraiment deshonoré parce qu'un autre dans un moment de vivacité l'aura frappé au visage ? où en serions-nous, goddam ! si, dans nos villes manufacturières, il fallait à chaque accident de ce genre répandre du sang !... Monsieur le comte de Précigny est fâché de son action ; cela doit me suffire...

Alfred avait écouté jusque là d'un air impatient cette conversation ; mais la générosité de son caractère et le sentiment secret de ses torts, le portèrent à venir en aide à Smithson.

— Messieurs, dit-il avec dignité en s'adressant aux Anglais, si votre colère tient au malheureux événement que vous venez de rappeler, je déclare volontiers en votre présence que je regrette avec sincérité l'emportement auquel je me suis laissé entraîner envers votre compatriote M. Smithson.

Cette déclaration spontanée parut produire une certaine impression sur les ouvriers.

— L'entendez-vous? s'écria le contremaître avec joie; m'est-il possible de garder rancune à une honorable personne qui reconnaît ses torts avec tant de loyauté?... Allons, mes garçons, laissons ces puérilités à

des fiers-à-bras de militaires ; agissons en hommes sensés... Convenez-en ; votre susceptibilité s'est éveillée mal à propos ; et vous avez été trop loin à l'égard d'un ami !
Les autres échangèrent encore un regard ; ils s'entendirent sans se parler.

— Non, reprit Tom qui, malgré son extérieur fruste, avait en ce moment la majesté d'un juge ; le témoignage du jeune lord ne saurait suffire pour effacer une pareille injure... Jack Smithson, ne cherchez pas à nous tromper, à vous tromper vous-même avec de beaux raisonnements et de belles paroles : Pour qu'un brave Anglais puisse vous donner la main et vous appeler son ami, votre joue doit avoir été lavée avec du sang... avec le vôtre ou avec celui d'un autre... Adieu !

— Adieu, Smithson, répétèrent ses camarades d'une voix sourde en laissant enfin libre le passage du pont.

Le contre-maître essaya encore de les arrêter :

— Mes amis, écoutez-moi, s'écria-t-il, avec force, et cette fois dans sa langue nationale; cette injure que vous me reprochez d'avoir oubliée, elle est toujours présente à ma mémoire... je me vengerai, je vous le promets, je vous le jure, et ma vengeance sera terrible... mais attendez encore; je suis forcé de ménager le comte de Précigny; j'ai besoin de son appui auprès de M. Laurent et de miss Thérèse. Ayez seulement un peu de patience; je vais épouser la jeune fille, je vais être seul chef de la fabrique... Tom, tu seras contre-maître général à ma place, je te le promets... Williams, tu auras la surveillance des machines... Dick Davis, mon ancien camarade de Birmingham, je t'assure...

— Laissez-nous, interrompit Tom avec un geste imposant, et ne cherchez pas à nous tenter... Nous n'avons plus rien de commun avec vous. Soyez heureux et puissant si vous pouvez; mais on dit que la honte porte malheur; prenez garde!

Et tous ensemble s'éloignèrent d'un pas grave, leurs paquets sur l'épaule, sans retourner la tête.

Smithson était resté comme frappé de la foudre.

— Vous voyez ce que vous me valez! dit-il au comte avec un accent amer; mes compatriotes eux-mêmes me repoussent et me renient... Maintenant, ajouta-t-il en frappant du pied et en serrant les poings, je vais réclamer la parole qui m'a été donnée, je vais exiger la récompense que j'ai achetée au prix de tant d'humiliations ! Oui, j'épouserai cette jeune fille capricieuse, ou sinon... malheur aux autres et à moi-même !

Alfred répondit par un regard où le mépris se mêlait à la pitié; puis, traversant le pont en silence, il se dirigea de nouveau vers la manufacture.

Après quelques minutes de marche, Smithson parvint à dominer assez ses sentiments pour parler avec légèreté de cette rencontre. Alfred ne l'écoutait plus; si près de Thérèse, ses pensées se reportaient exclusivement sur elle. Le contre-maître lui-même, cessa bientôt d'affecter une indifférence qu'il n'éprouvait pas, et tous les deux, graves et pensifs, arrivèrent enfin à la fabrique.

Ils pénétrèrent librement dans cette vaste cour, autour de laquelle s'élevaient les principaux corps de-logis. Le plus profond silence régnait dans ce lieu si plein autrefois d'animation et de bruit; personne autour des lavoirs taris, personne dans les ateliers; les machines compliquées que devait mettre en mouvement la gigantesque roue à aubes, étaient immobiles comme elle; plus de chant joyeux se mêlant au grincement des navettes sur les métiers; plus d'enfants folâtres jouant furtivement sur le gazon loin du regard des chefs d'atelier. La bruyante population industrielle avait disparu; la ruche était vide, la fourmillière était abandonnée. Portes et fenêtres restaient ouvertes; le regard pouvait plonger dans ces longues galeries mornes et déjà poudreuses. Partout la désolation, partout le calme de la tombe.

Détournant les yeux de ce sinistre tableau, Alfred s'empressa de traverser la cour pour atteindre le pavillon habité par Thérèse et par M. Laurent. Les fleurs qui autrefois ornaient le perron, étaient desséchées et flétries, dans leurs vases de fonte, comme si elles eussent suivi le sort commun des habitants de cette demeure réprouvée.

Au bout d'un instant, Alfred se trouva devant cet élégant petit salon, où il avait vu la fille du manufacturier pour la première fois. Au moment d'entrer il sentait son cœur battre à briser sa poitrine ; ses jambes se dérobaient sous lui ; il avait le vertige. Sans remarquer son trouble, Smithson frappa un léger coup à la porte, puis il introduisit son compagnon dans cette jolie pièce, commune à l'appartement de Thérèse et à celui de son père.

Thérèse était là, avec le docteur Merville, qui s'occupait à mélanger des drogues d'un air soucieux ; pour elle, en entendant venir les étrangers, elle s'était levée vivement de la bergère où elle était assise. Un peignoir de laine blanche cachait, sous de longs plis flottants, son apparence frêle et maladive. Sa pâleur était toujours la même qu'autrefois, mais sa faiblesse et sa langueur étaient plus grandes. Cependant ce sourire mélancolique qui lui était habituel errait encore sur ses lèvres, après tant de souffrances.

Quand Alfred parut, elle lui tendit la main et lui dit, avec sa grâce irrésistible :

— Merci d'être venu, monsieur le comte, il est généreux au vainqueur de se rendre à l'invitation des vaincus... J'eusse désiré, continua-t-elle en jetant un regard sur Smithson, vous envoyer un messager avec lequel vous n'eussiez pas eu déjà de querelle; mais ici, nous sommes abandonnés de tous, comme les malheureux ; je n'étais pas maîtresse de choisir...

— Mademoiselle, répliqua le contremaître avec empressement, je ne me repens pas de vous avoir presque forcée à me confier ce message.... J'ai eu le bonheur de me réconcilier pleinement avec mylord de Précigny... Il m'a déjà donné des preuves de son amitié, et....

Il s'arrêta brusquement. L'émotion d'Alfred, en revoyant Thérèse, n'avait pu être contenue. Le comte avait saisi avec passion cette main effilée et diaphane qu'on lui tendait; il la couvrait de baisers et de larmes en murmurant d'une voix entrecoupée de sanglots :

— Thérèse!... Thérèse!... ma chère Thérèse!

La jeune fille ne s'irrita pas de ses transports.

— Calmez-vous, Alfred, dit-elle avec cette sérénité qui ne la quittait jamais ; souvenez-vous de nos conventions lors de notre dernière et triste entrevue... Soyez homme pour supporter les maux passés et ceux que le ciel vous réserve encore peut-être!

Aux accents de cette voix plaintive, le comte releva la tête :

— Vous ne m'en voulez donc pas! murmura-t-il; chère et bonne Thérèse, vous ne me haïssez donc pas, moi l'auteur de tous vos maux? Vous ne m'avez pas maudit d'avoir manqué de patience, d'être venu troubler du bruit d'une émeute, votre père malade, incapable de se défendre?

— De quoi me plaindrais-je? dit la jeune fille en soupirant; vous n'avez pas outrepassé votre droit rigoureux.... Je n'avais rien obtenu de mon père; atteint lui-même de cette affreuse épidémie, il refusait encore de s'humilier, de reconnaître la main qui le frappait! En sauvant les autres, vous pouviez le sauver lui-même; je vous ai laissé accomplir votre terrible mission... Alfred, je n'ai aucun reproche à vous adresser!

Une légère toux, qu'elle chercha à comprimer dans son mouchoir de baptiste, l'interrompit un moment. Merville s'approcha d'elle d'un air inquiet :

— Mademoiselle, dit-il à demi-voix, vous vous échauffez en parlant et vous restez debout, deux choses que je vous ai expressément recommandé d'éviter... Si vous ne tenez pas plus compte de mes prescriptions, il deviendra impossible de cacher votre état à votre père, avant le moment de crise que nous attendons !...

— Oui, oui, mon bon docteur, je vous obéis... je vais m'asseoir, répliqua Thérèse avec docilité.

Elle retira son mouchoir de sa bouche, mais pas assez vite qu'Alfred n'eût pu le voir taché de sang.

Alors, s'appuyant sur le bras du jeune homme, elle regagna sa place, et se laissa tomber sur son ample fauteuil comme épuisée.

— Croyez-vous qu'*il* m'ait entendu tousser? demanda-t-elle à Merville avec inquiétude, en désignant une porte latérale qui donnait dans la chambre de son père.

Le docteur alla écouter un moment.

— Je ne le pense pas; il cause encore avec le curé de Précigny... mais de grâce, observez-vous bien; cette découverte en ce moment pourrait lui être fatale!

— Oui, oui, docteur, je vous le promets.

Le comte était resté debout en face de Thérèse; il ne comprenait que trop de quoi il s'agissait entre mademoiselle Laurent et le docteur. Les traits amaigris de la jeune fille, cette faiblesse, cette toux qu'elle s'efforçait de dissimuler, ne laissaient plus de place à l'illusion... Alfred éprouvait d'horribles déchirements intérieurs ; il détournait les yeux, mais un charme irrésistible les reportait toujours sur cette belle et touchante enfant, victime désignée de la mort.

Thérèse reprit avec une joie naïve en regardant le comte :

— Les ennemis de mon père l'accusaient de manquer de religion... c'est pourtant lui qui a demandé le premier l'assistance d'un prêtre.., notre bon curé est en ce moment près de lui !

— M. Laurent est-il donc si près de sa fin ? balbutia Alfred d'une voix étouffée.

— Ami, ne sommes-nous pas tous mortels ? répondit Thérèse avec un accent indéfinissable qui donnait à une simple banalité une portée effrayante.

En ce moment, la porte s'ouvrit, et le vieux curé de Précigny sortit de la chambre du malade.

— Eh bien? demanda Thérèse.

— Je l'ai laissé résigné aux desseins de la Providence, dit le prêtre avec gravité; il a fait sa paix avec le ciel; puisse-t-il la faire aussi avec les hommes?... Je l'ai trouvé docile et soumis, excepté sur un point, où « le vieil homme » n'a pu être complètement vaincu; mais Dieu lui pardonnera un grain d'orgueil terrestre en faveur de son repentir... Allez le trouver, ma fille, il vous attend; il vous attend aussi, monsieur le comte; pour moi, ma tâche est finie.

Il salua et quitta la chambre. Thérèse saisit la main de Précigny :

— Alfred, lui dit-elle à voix basse, vous

allez voir mon père, et peut-être reconnaîtrez-vous enfin qu'il ne méritait pas les calomnies dont on l'a chargé. Mais avant tout, j'exige de vous une promesse.... peut-être, ajouta-t-elle en baissant les yeux, allez-vous entendre une proposition.... étrange, surprenante! Je vous supplie, quoi que vous pensiez, de ne rien dire pour détruire les illusions de mon pauvre père à son dernier moment... Me le promettez-vous?

— Thérèse, murmura le comte, toutes mes pensées, toutes mes volontés ne sont-elles pas à vous?

La jeune fille le remercia du geste, elle se redressa, arrangea ses cheveux, puis prenant des allures lestes et décidées pour dissimuler ses souffrances :

— Venez, ami, dit-elle le temps presse.

Et elle l'entraîna vers la chambre du malade. Au moment où Alfred allait en franchir le seuil, Smithson courut à lui et lui dit à voix basse :

— Parlez pour moi..... j'ai mis tout mon espoir en vous !

Alfred ne répondit pas et il suivit Thérèse.

XXIX

La chambre de M. Laurent était silencieuse et sombre ; d'épais tapis amortissaient le bruit des pas ; des rideaux de couleur foncée ; étendus devant les fenêtres, n'y faisaient pénétrer qu'un jour insuffisant. Le manufacturier, enveloppé d'une longue robe de chambre, était à demi couché sur un lit de repos. Il eût été méconnaissable pour Alfred qui, peu de jours auparavant, l'avait vu rayonnant d'orgueil et de santé au banquet de la fabrique. Sa tête chauve s'appuyait languissamment sur un oreiller; son visage était hâve et plombé; ses yeux cernés s'enfonçaient dans leurs orbites; des rides profondes sillonnaient ses tempes et son front jaune. A sa maigreur, à son immobilité, on l'eût déjà pris pour un cadavre.

Quand sa fille et Alfred entrèrent en se tenant par la main, il voulut se soulever, mais sa tête retomba en arrière. Thérèse courut à lui, l'embrassa au front; puis elle disposa plus commodément les coussins autour de lui avec une touchante sollicitude en disant :

— Mon père, voici M. le comte de Précigny qui se rend à votre invitation..... Vous le voyez, il n'a pas hésité à venir !

— Enfant! répliqua le manufacturier en essayant de sourire, bien plus que moi tu as sujet de le remercier de sa complaisance...... Cependant, ajouta-t-il aussitôt, M. de Précigny avait le cœur trop haut placé, je le sais, pour ne pas obéir à l'appel d'un mourant !

— Un mourant! balbutia le comte; pour vous, pour votre fille, pour vos amis, j'espère encore....

Laurent leva lentement la main et désigna une pendule qui en ce moment sonnait les heures.

— Il est midi, interrompit-il, d'une voix

calme; à une heure cette fièvre pernicieuse qui en peu de jours a ruiné ma constitution, va me reprendre... on m'a prévenu, cet accès peut être le dernier; je dois donc mettre ordre à mes affaires et à ma conscience..... Asseyez-vous, M. le comte, j'ai bien des choses à vous dire pour le peu de temps qui me reste.

Alfred s'assit en face du malade; Thérèse s'était placée bien près de son père afin d'être à portée de le servir. Elle avait pris une de ses mains, et elle la serrait contre sa poitrine en regardant le comte.

— Eh bien! jeune homme, dit le manufacturier, après une pause, la victoire s'est donc déclarée pour vous? Dans cette lutte longue et acharnée où je paraissais si puissant, où vous sembliez si faible, j'ai été vaincu ; c'est vous maintenant qui pouvez vous montrer généreux.... Regardez-moi, continua-t-il avec amertume, ne dirait-on pas que ces terribles menaces dont vous m'accabliez le jour où vous apparûtes tout à coup au milieu d'une joyeuse fête, étaient des prophéties? Me voici seul, abandonné dans cette vaste demeure, où des centaines d'hommes obéissaient à ma voix; me voici moi-même exténué par la maladie, sans force et sans pouvoir, attendant la mort..... Oui, le texte serait beau pour ceux qui me haïssent; on parlerait de vengeance céleste, de châtiment providentiel..... et il y a des moments, ajouta-t-il d'un ton sombre, où je me demande si l'on n'aurait pas raison!

— Mon père, murmura timidement

Thérèse, à quoi bon revenir sur ces idées qui vous peinent et vous irritent?

— Le passé seul nous appartient, mon enfant ; si M. de Précigny m'épargne en ce moment les reproches et les récriminations, je dois lui savoir gré de sa réserve.

— Loin de moi la pensée d'insulter au malheur, monsieur Laurent, dit le comte avec une dignité mélancolique ; j'ai agi dans un but d'humanité, et non par un sentiment d'hostilité personnelle contre vous... Si j'ai réussi. il n'y a ni gloire, ni honte pour personne.

— Bien, bien, jeune homme, dit le malade en hochant la tête ; d'ailleurs, vous n'ignorez pas à quel concours de circonstances cette réussite inouïe peut être imputée?... La trahison de ce fripon de Rigobert, le zèle haineux et maladroit de mon contre-maître, cette maladie qui est venue me clouer sur mon lit et me frapper d'impuissance au moment où j'avais tant besoin de mes forces physiques et morales, tous ces événements purement terrestres, purement matériels, ont plus fait qu'autre chose pour vos succès!... Si même j'étais encore sur pied, s'il m'était donné de recommencer la lutte, nul ne sait pour qui, en définitive, se prononcerait la Providence!

Et il souriait encore avec une légère ironie.

— Mon père, murmura Thérèse d'un ton de reproche, vous oubliez...

— C'est juste, ma fille ; mais, comme disait tout à l'heure cet excellent curé, je ne puis complètement « dépouiller le vieil homme. »

« Mon existence a été si remplie qu'il m'est bien difficile de m'en détacher sans secousse... D'ailleurs, il me répugne de penser, à ma dernière heure peut-être, que j'aurai passé sur la terre comme un être malfaisant, chargé de l'exécration commune, ayant toujours agi dans des vues de lucre et d'égoïsme... Parlez enfin avec confiance, monsieur de Précigny, n'est-ce pas là l'opinion que vous avez conçue de moi, que d'autres ont conçue sans doute comme vous ?

— Je l'avoue, monsieur, dit le comte en baissant les yeux, telle avait été ma pensée première ; je ne voyais d'abord qu'orgueil et cupidité dans votre obstination à maintenir vos droits contre une misérable population menacée d'une destruction complète... mais plus tard, la réflexion est venue, j'ai compris le sentiment plus noble et plus élevé qui vous soutenait ; vous deviez en effet sentir votre cœur se déchirer quand on se liguait pour anéantir une œuvre grande et utile dont vous aviez été le créateur...

— Oui, oui, c'est cela! s'écria le manufacturier en s'animant; vous avez vu ce que j'étais, ce que j'avais fait; vous avez vu ces machines merveilleuses, ces ouvriers intelligents travaillant à ma voix pour le bien-être de la société toute entière ; j'enrichissais mon pays, je développais l'industrie nationale, je répandais autour de moi l'abondance... et il me fallait renoncer à ces avantages, parce que de pauvres paysans souffraient du voisinage de mon usine? Le ciel m'en est témoin! j'ai passé bien des nuits sans sommeil en songeant à leurs souffrances, mais le courage me manquait pour les sauver au prix d'un douloureux sacrifice!

Sa voix s'était altérée en prononçant ces dernières paroles. Thérèse regarda le comte :

— Vous le voyez, murmura-t-elle, il déplorait les maux dont il était la cause involontaire!

— Oui, reprit le malade, je n'étais ni dur, ni impitoyable, seulement j'étais incapable d'héroïsme... Enfin, M. de Précigny, au milieu même des embarras mortels que vous m'avez suscités, je n'ai jamais pu ni vous mésestimer, ni vous haïr.... j'admirais votre ardeur juvénile, votre enthousiasme, votre dévouement; en me défendant contre vos attaques, j'éprouvais le désir sincère d'être votre ami ! Aujourd'hui donc qu'il n'existe plus entre vous et moi de motif de querelle, aujourd'hui que je serais un objet de pitié même pour un ennemi, toute réconciliation est-elle encore impossible entre nous ?

Dans un premier mouvement, Alfred allait tendre la main au père de Thérèse; mais se souvenant des recommandations de Rigobert, il se contenta de répondre :

— Encore une fois, je n'ai contre vous ni haine, ni colère..... ma mission est remplie; rien ne m'empêche donc d'unir mes vœux à ceux de mademoiselle Thérèse pour votre prompt rétablissement, pour votre prospérité...

Ces hésitations n'avaient pas échappé au regard perçant du malade.

— Toutes vos préventions subsistent encore, dit-il avec chagrin ; vous avez trop écouté les plaintes émouvantes des paysans de Précigny, ou les épigrammes passionnées de cet intrigant de Rigobert ; mais examinez ma conduite envers vous, et voyez si cette bienveillance que j'éprouvais pour le fils de mon ancien maître ne s'est pas manifestée en toute occasion.

A votre retour de l'émigration, dès que je sus votre arrivée à la ferme, je m'empressai d'accourir ; je voulais m'occuper de votre fortune, employer pour vous mon crédit et mon zèle. Je m'attendais à quelque froideur de votre part, mais votre accueil fut tel que je dus me retirer profondément blessé ; vous m'aviez montré un mépris, une haine invincibles. Cependant je ne cessai pas de songer à vous, pendant que vous viviez dans la solitude ; je m'informais sans cesse aux gens du pays de vos actions, de vos moindres démarches ; j'épiais une occasion de vous offrir de nouveau mes services ; au moindre embarras qui vous fût survenu vous m'eussiez vu accourir à votre secours... Cette inquisition affectueuse alla si loin que les habitants du voisinage, et Nicolas entre autres, en tirèrent les conclusions les plus étranges...

Ce fut alors qu'eut lieu votre désastreuse visite à la fabrique ; rien ne me surprit comme de vous voir à la tête de ces paysans que les souvenirs révolutionnaires eussent dû vous rendre odieux: vous veniez me demander impérieusement le seul sacrifice peut-être que je ne fusse pas disposé à faire au comte de Précigny. Je cherchai à vous calmer par des raisonnements sages; vous ne voulûtes rien entendre; dans un accès d'emportement, à peine excusable par la fougue de la jeunesse, vous vous rendîtes coupable d'une action qui pensa mettre le pays en combustion, attirer sur vous-même les plus grands dangers. Vous savez comment Thérèse et moi nous pûmes vous mettre à l'abri des vengeances que vous aviez provoquées... Ma fille sacrifia son bonheur, engagea sa parole à un homme qu'elle n'aimait pas.

Alfred adressa à Thérèse un geste de reconnaissance. Le malade continua :

A la suite de cette terrible journée, je retournai vous voir à la ferme, accompagné de ma fille. J'avais les intentions les plus pacifiques et je m'efforçai encore une fois de capter votre bienveillance. Je vous fis les offres les plus magnifiques, les plus éblouissantes. Vous n'ignorez plus aujourd'hui, qu'elles n'étaient pas entièrement désintéressées, et vous en connaissez les motifs. Quand on avait construit l'étang et la chaussée de ma manufacture, on avait dû choisir l'emplacement le plus commode, celui dont la disposition exigeait le moins de frais possible. Je recherchai alors mes actes de vente, afin de me tenir rigoureusement dans la limite de ma propriété ; ces actes ne se trouvèrent pas ; j'ai la conviction aujourd'hui qu'ils avaient été détournés par Rigobert, dans un but d'intérêt personnel. N'ayant ainsi aucun moyen de m'assurer si je n'empiétais pas sur les terres d'autrui, je laissai agir mes architectes et mes ouvriers ; je comptais désintéresser plus tard le propriétaire des terrains incultes et sans valeur dont j'étais, en quelque sorte, forcé de m'emparer ; je ne pouvais prévoir encore quel parti on saurait tirer contre moi de cet empiétement irréfléchi. Ces raisons, je ne m'en cache pas, me décidèrent à un grand sacrifice ; je voulus, tout en faisant votre fortune, acquérir ma sécurité au sujet de ces terrains contestés... Mon seul tort, dans cette circonstance, fut peut-être de vous offrir un don au lieu de vous proposer tout simplement le payement d'une dette ; mais vous ne sauriez exiger d'un homme positif, exclusivement adonné aux intérêts matériels, qu'il fournît des armes contre lui-même, pour le renversement de ses plus chers intérêts.

Vous vous souvenez comment mes offres furent repoussées. Ma fille ne put cacher son admiration de votre désintéressement; moi-même je me sentais bas et mesquin auprès de vous. Depuis ce moment, la lutte a continué, avec acharnement et colère de votre côté, avec calme et modération du mien. Vous avez appelé sur moi l'exécration de la France entière, vous êtes venu m'insulter au milieu de mes amis, vous avez ravagé mes propriétés, vous m'avez fait tout le mal qui était en votre pouvoir; et cependant, jeune homme, en me défendant, je n'ai jamais eu un mot injurieux contre vous; je n'ai jamais cherché à vous rendre mépris pour mépris, calomnie pour calomnie... Ma fille peut vous l'affirmer, comte de Précigny (et vous savez ce que vaut une affirmation de ma belle et pure Thérèse !) jamais, en dépit de vos efforts constants pour me nuire, je n'ai ressenti contre vous un sentiment de haine.

— Cela est vrai, Alfred, cela est vrai, je vous le jure ! dit la jeune fille avec chaleur.

— Oui, reprit M. Laurent, malgré nos dissentiments fréquents, Thérèse était ma confidente.... pourtant elle n'a jamais su jusqu'à quel point je désirais vaincre les antipathies de M. de Précigny !

Thérèse, vivement émue, étouffa un accès de toux dans son mouchoir.

— Monsieur Laurent, dit le comte avec douceur et d'un ton cordial, vous avez raison ; je vous ai méconnu jusqu'ici, et je dois vous demander sincèrement pardon de mes torts... Oubliez le passé, monsieur, comme je l'oublie moi-même; si Dieu vous fait la grâce de vous rendre la santé, j'espère vous prouver comment je sais expier mes erreurs!

En même temps, par un geste ferme et plein de dignité, il tendit la main au manufacturier, qui la pressa vivement.

— Merci, Alfred, murmura Thérèse les larmes aux yeux.

— Enfin, enfin! dit Laurent, dont le visage s'épanouit, ceux qui parlaient de vengeance céleste en seront pour leurs phrases sonores, car si je meurs maintenant, ma mort sera douce et tranquille... Cette réconciliation que j'ai tant désirée, M. de Précigny, fera la joie de mes derniers moments ; elle me donne le courage de vous révéler enfin le projet pour lequel je vous ai mandé ici.

La pendule sonna une heure; aussitôt la porte s'ouvrit et Merville entra, tenant une potion à la main. Il interrogea le malade du regard.

— J'éprouve un léger frisson, mais l'agitation est moins forte qu'hier.

— En effet, dit le médecin en tâtant le pouls de Laurent, les symptômes paraissent moins graves... Si l'accès était plus faible que le dernier, les fâcheux pronostics que j'avais tirés de votre état pourraient se trouver démentis !

— Serait-il possible, s'écria Thérèse en tressaillant, mon père vivrait? Une crise favorable...

Elle fut interrompue par un accès de toux qu'elle étouffa encore avec peine.

— Ne nous réjouissons pas si vite, ma pauvre enfant, dit le manufacturier avec tristesse; hâtons-nous plutôt d'achever cette explication; les moments peuvent être précieux... Je dirai donc devant le docteur ce qu'il me reste à dire à M. de Précigny; Merville est notre ami, nous n'avons pas de secret pour lui... Mais qu'as-tu donc, ma fille? tu tousses beaucoup aujourd'hui?...

— Rien, ce n'est rien, dit le docteur avec empressement, un peu de fatigue causée par des veilles assidues...

— A la bonne heure, reprit le malade d'un air plus calme; les mauvais bruits propagés par mes ennemis au sujet de la maladie de ma fille sont toujours présents à ma pensée... je la trouve un peu maigrie, un peu abattue depuis quelque temps; elle s'est donné tant de mal pour me soigner! elle ne m'a quitté ni la nuit ni le jour... Docteur, je vous la recommande dans le cas... vous m'entendez? Elle a besoin de grands ménagements; mais elle est si jeune !

Personne n'eut le courage de répondre pour entretenir les espérances du père abusé.

FIN DU TOME DEUXIÈME.

A LA MÊME LIBRAIRIE.

EN VENTE :

UN MILLION DE PLAISANTERIES

Calembours, Naïvetés, Jeux de mots, Facéties, Réparties, Saillies, Anecdotes comiques et amusantes, inédites ou peu connues, recueillies par Hilaire le Gai. 1 charmant volume in-32. 2 fr.

UN MILLION DE BÊTISES

ET DE TRAITS D'ESPRIT, Bons contes, Bons mots, Bouffonneries, Calembours, Facéties anciennes et modernes, Parades de Bobèche, etc., recueillis par Hilaire le Gai, 1 charmant volume in-32.. 2 fr.

PETIT TRÉSOR DE POÉSIE RÉCRÉATIVE

Choix des plus agréables Facéties en vers, anciennes et modernes, Satires, Contes, Épigrammes, Madrigaux, Pièces burlesques et galantes, recueillies par Hilaire le Gai. 1 charmant volume in-32.. 2 fr.

UN MILLION D'ÉNIGMES

CHARADES ET LOGOGRIPHES anciens et modernes, recueillis par Hilaire le Gai. 1 charmant volume in-32........ 2 fr.

POUR PARAITRE SUCCESSIVEMENT :

PLUSIEURS VOLUMES SUR DIFFÉRENTS SUJETS
même format et même prix.

ALMANACH FACÉTIEUX

RÉCRÉATIF, COMIQUE ET PROVERBIAL POUR 1849,

Recueil d'Anecdotes, Bons mots, Calembours, Énigmes, Charades, Logogriphes, précédés de Proverbes relatifs à l'agriculture et de Présages astronomiques et météorologiques, pour toute l'année, publié par Hilaire le Gai. 1 vol. in-18 de 192 pages.... 50 c.

Corbeil, imprimerie de CRÉTÉ.

www.ingramcontent.com/pod-product-compliance
Lightning Source LLC
Chambersburg PA
CBHW070946180426
43194CB00041B/1111